KB079306

정보 올림피아드 비전서 시리즈 3

Algorithm Ⅱ

Algorithm Ⅱ

제 1 판 4쇄 | 2016 년 03월 15 일

지은이 | 하성욱
발행인 | 이기봉
펴낸곳 | 도서출판 좋은땅
주소 | 경기도 고양시 덕양구 동산동 376 삼송테크노밸리 B동 442호
편집문의 | 02-374-8616 구입문의 | 0505-337-7800
홈페이지 | www.g-world.co.kr
등록번호 | 제8-301 호
ISBN 978-89-93368-19-2

● 잘못된 책은 구입한 곳에서 바꿔드립니다.

정가 14,000 원

정보 올림피아드 비전서 시리즈 3
Algorithm
정보 올림피아드를 준비하는 초중고생을 위한
알고리즘 II
하성욱 저
좋은땅

Contents

Part1 AP

Part2 Topological Sort

Part3 Union & Find

Part4 Network Flow

AP

Lesson1 AP

AP(Articulation Point; 단절점)는 현재 연결된 그래프에서 자신의 정점이 사라졌을 때, 그래프가 분할되도록 만드는 정점을 말한다. 예를 들어, 다음 그래프를 살펴보자.

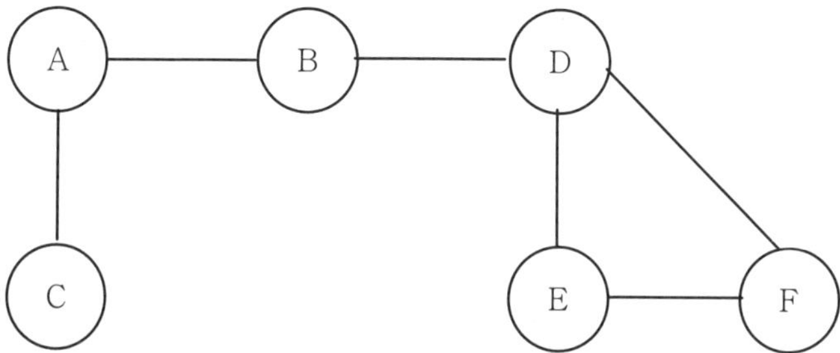

위 그래프에서 정점 B 를 없애면 다음과 같이 2 개로 나눠 진다.

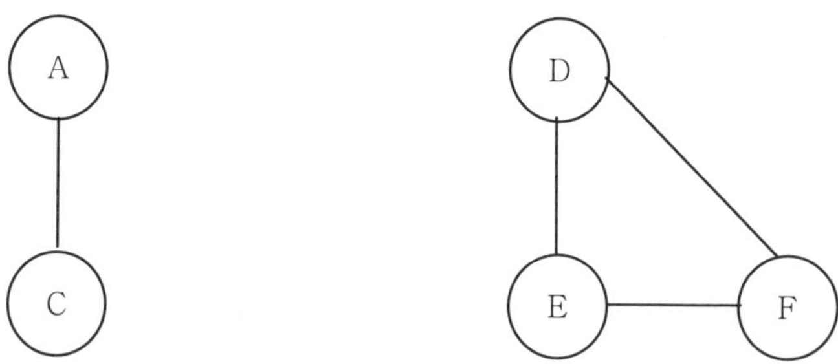

다시 처음 그림에서 이번에는 정점 E 를 없애면 다음과 같이 하나의 그래프를 유지한다.

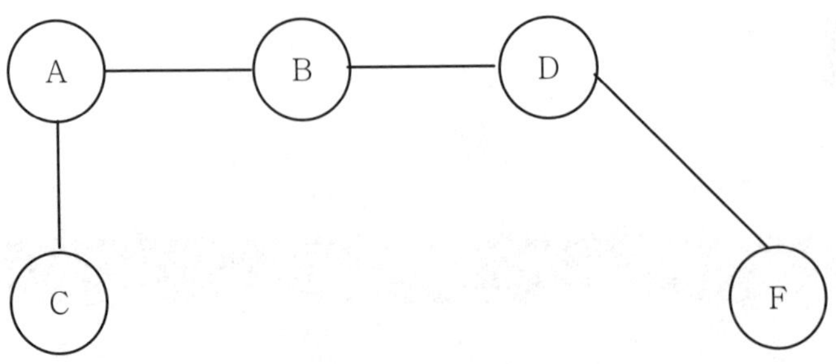

위 그래프에서 단절점을 표시하면 다음과 같다.

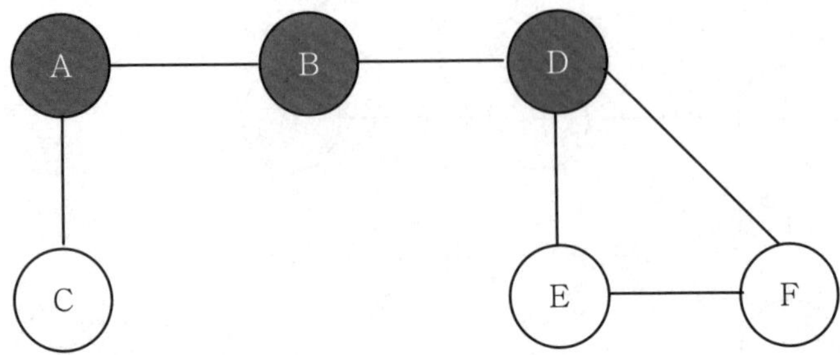

이 단절점을 찾는 방법을 알아보자. DFS 로 문자 순서대로 방문한다고 하면, 다음과 같이 방문된다.

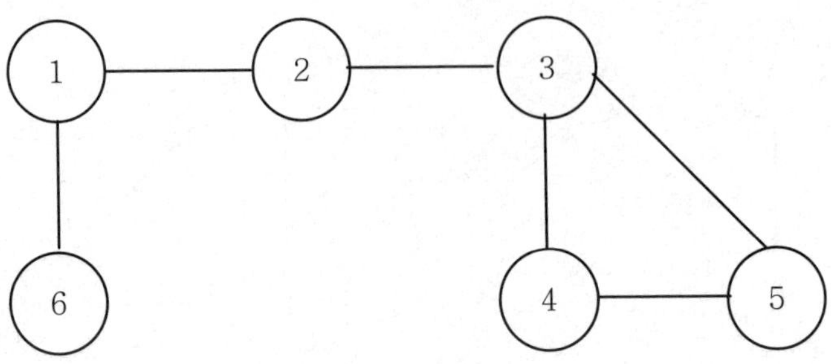

이진 트리로 방문 순서를 나타내면 다음과 같다.

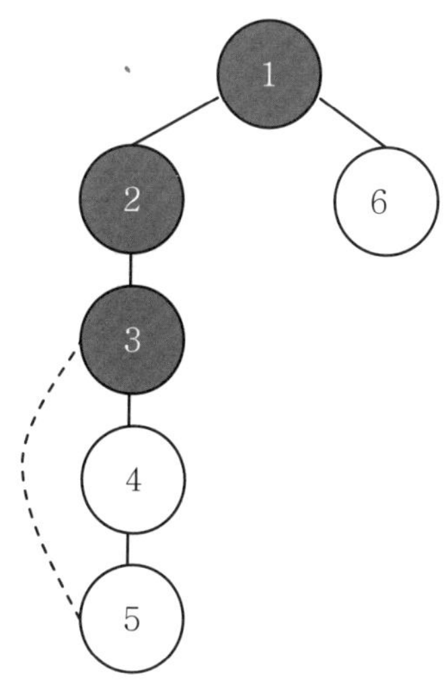

여기서, AP 를 판별하는 규칙은 다음과 같다.

1) 루트인 경우 자식이 2 개 이상이면, AP 가 된다.
2) 자식 노드가 존재하며, 자식이 자신보다 조상 노드에 연결되지 못한 경우 AP 가 된다.

현재 상태에서 루트는 1 번 노드가 되며, 자식이 2 번과 6 번으로 2 개 존재하므로 AP 가 된다. 4 번은 자식이 존재하며, 자식이 조상인 3 번과 연결되었으므로 AP 가 되지 못한다. 5 번과 6 번은 자식이 존재하지 않으므로 AP 가 될 수 없다. 반면, 2 번과 3 번은 자식이 존재하며 자식들이 조상과 연결되지 않았으므로 AP 가 된다.

이전 그래프에 대한 데이터는 다음과 같다.

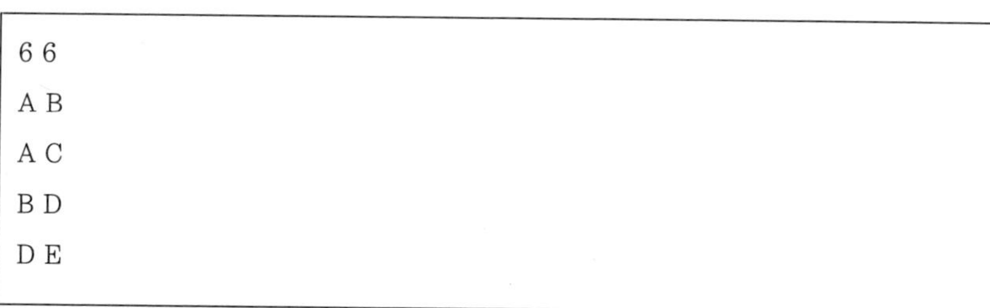

```
6 6
A B
A C
B D
D E
```

```
D F
E F
```

첫 번째 수는 정점의 개수이며, 두 번째 수는 간선의 개수가 된다. 다음 줄부터 간선의 개수만큼 간선 정보가 입력된다. 두 문자는 간선으로 연결된 두 정점의 문자를 나타낸다. 이 데이터로부터 AP 에 해당하는 정점들만 차례대로 출력해보자. 코드는 다음과 같다.

```
#include <iostream>
#include <algorithm>
#include <map>

using namespace std;

bool a[26][26], ap[26];
int check[26], n, cnt, order, child;
map <char, int> v;
map <int, char> c;

int getVertex(char ch)
{
  if (v.find(ch) == v.end()) {
    // 없는 정점인 경우 정점 문자를 삽입한다.
    v[ch] = cnt;
    // 인덱스를 다시 문자로 출력하기 위해서 재 삽입
    c[cnt] = ch;
    cnt++;
  }

  return v[ch];
```

```
}

int Ap(int s)
{
  int mn, i, x;

  check[s] = ++order;
  mn = order;

  for (i = 0; i < n; i++) {
    // 현재 지점에서 연결된 지점으로 이동
    if (a[s][i]) {
      // 자식을 방문하지 않은 경우
      if (check[i] == 0) {
        // 다시 루트와 연결된 자식인 경우 자식 개수를
         // 1 증가시킨다.
        if (s == 0) ++child;

        // DFS 식으로 호출
        x = Ap(i);

        // 방문되는 자식들 중 가장 작은 방문 번호를 저장한다.
        if (mn > x) mn = x;

        // 선조랑 연결되는 자식이 없다면 현재 점은 AP 가 된다.
        // 단, 이전에 AP 로 체크되었는지, 출발점인지를 검사한다.
        if (x >= check[s] && s != 0 && !ap[s]) ap[s] = true;
      }
      // 방문된 자식인 경우 최소 방문 회수를 구한다.
      else if (mn > check[i]) mn = check[i];
  }
```

```
  }

  return mn;
}

int main()
{
  int m, i, ix, iy;
  char x, y;

  cin >> n >> m;
  fill(check, check+n, 0);
  fill(ap, ap+n, false);
  for (i = 0; i < n; i++) fill(a[i], a[i]+n, false);

  for (i = 0; i < m; i++) {
    cin >> x >> y;
    ix = getVertex(x);
    iy = getVertex(y);

    a[ix][iy] = a[iy][ix] = true;
  }

  // AP 검사
  Ap(0);

  // 루트인 경우 자식 개수가 2 개 이상이면 AP 가 된다.
  if (child > 1) ap[0] = true;

  for (i = 0; i < n; i++) {
    if (ap[i]) cout << c[i] << endl;
```

```
    }

    return 0;
}
```

정점의 문자를 인덱스로 변환하고, 다시 출력을 위해 인덱스를 문자로 변환하기 위해서 〈map〉 을 사용하였다. 출력 결과는 다음과 같다.

```
A
B
D
```

AP 와 관련된 문제를 풀어보자.

Lesson2 UVA315 네트웍

전화선 회사(TLC)는 새로운 전화 케이블 네트웍을 도입하였다. 이 네트웍은 1 부터 N 사이의 정수 번호가 붙은 여러 위치를 연결한다. 같은 번호를 갖는 곳은 존재하지 않는다. 전화선들은 양방향이며, 항상 두 곳을 연결한다. 전화선 끝 지점의 전화 교환기가 물려 있다. 각 지점에는 전화 교환기 한 대가 존재한다. 각 위치에서 전화선을 통해 다른 모든 곳으로 연결이 가능하다. 직접 연결할 필요는 없고, 여러 교환을 거쳐갈 수 있다.

때때로 전원 공급이 한 곳에서 끊어져 교환 업무를 수행하지 못할 수 있다. TLC 의 직원들은 그러한 경우에 전원이 끊어진 곳 외에도 어느 지점에서 다른 지점으로의 연결도 끊어질 수 있다는 사실을 알았다. 그러한 경우에 우리는 전원이 끊어진 그 지점을 위험 지점이라 말한다. 현재 직원들은 그러한 모든 위험 지점의 개수를 찾는 프로그램을 작성하려고 한다. 그들을 도와보자.

입력

입력은 여러 테스트 데이터로 구성된다. 각 테스트는 하나의 네트웍 정보로 구성된다. 각 테스트 데이터의 첫 번째 줄에는 지점의 개수 N 이 99 이하의 값으로 구성된다. 다음 줄부터 최대 N 개 줄에 데이터가 입력될 수 있다. 각 줄에는 한 곳의 번호가 입력되고, 뒤따라 이 위치에서 직접 연결되는 곳들의 번호가 입력된다. 한 줄의 모든 번호는 공백 하나로 모두 구분된다. 각 테스트 데이터는 위치 번호에 0 이 입력되면 끝난다. 지점의 개수 N 에 0 이 입력되면 입력이 끝난다.

출력

각 테스트 데이터에 대해서 위험 지점의 개수를 한 줄씩 출력하여라.

입력 예제

```
5
5 1 2 3 4
0
6
2 1 3
5 4 6 2
0
0
```

출력 예제

```
1
2
```

풀이

이 문제는 AP 의 개수를 구하는 문제이다. 기본 AP 알고리즘으로 풀 수 있다. 코드는 다음과 같다.

```
#include <iostream>
#include <algorithm>
#include <string>
#include <sstream>
#include <cctype>

using namespace std;

bool a[100][100], ap[100];
int check[100], n, total, cnt, start, child;

int Ap(int s);

int main()
{
  int m;
  int i, d;
  string str;

  while (1) {
    cin >> n;
    if (!n) break;

    fill(check, check+n, 0);
    fill(ap, ap+n, false);
    for (i = 0; i < n; i++) fill(a[i], a[i]+n, false);
```

```
    cnt = 0;
    start = -1;
    child = total = 0;

    while (1) {
      cin >> m;
      if (m == 0) break;
      --m;
      if (start == -1) start = m;

      cin.get();
      getline(cin, str);

      istringstream is(str);
      while (is >> d) a[m][d-1] = a[d-1][m] = true;
    }

    // 출발점에 대해서 AP 검사
    Ap(start);

    // 출발 점의 자식 개수가 1 개 이상이면 AP 가 된다.
    if (child > 1) {
      ap[start] = true;
      ++total;
    }

    cout << total << endl;
  }

  return 0;
```

```
}

int Ap(int s)
{
  int mn, i, x;

  check[s] = ++cnt;
  mn = cnt;

  for (i = 0; i < n; i++) {
    if (a[s][i]) {
      if (check[i] == 0) {
        if (s == start) ++child;

        x = Ap(i);

        if (mn > x) mn = x;

        // 선조랑 연결되는 자식이 없다면 현재 점은 AP 가 된다.
        // 단, 이전에 AP 로 체크되었는지, 출발점인지를 검사한다.
        if (x >= check[s] && s != start && !ap[s]) {
          ap[s] = true;
          ++total;
        }
      }
      else if (mn > check[i]) mn = check[i];
    }
  }

  return mn;
}
```

Lesson3 UVA796 임계 링크

컴퓨터 네트웍에서 두 대의 서버를 연결하는 링크 L 에 대해, A 와 B 사이에 링크 L 을 통해 모든 네트웍에 연결되는 두 서버 A 와 B 가 존재할 때 이를 임계 링크라고 정의한다. 임계 링크를 제거하면, 끊어진 두 개의 부분 네트웍이 생긴다. 예를 들어, 그림 1 의 네트웍은 0-1, 3-4, 6-7 로 3 개의 임계 링크가 존재한다.

그림 1: 임계 링크

다음의 규칙이 적용된다.

1. 연결 링크는 양방향이다.
2. 서버는 자신에게 직접 연결하지 않는다.
3. 두 서버는 직접 연결되거나 같은 서버로 서로 연결되면 서로 연결된 것이다.
4. 네트웍은 독립 부분 네트웍을 가질 수 있다.

주어진 컴퓨터 네트웍의 모든 임계 연결을 찾는 프로그램을 작성하여라.

입력

입력은 여러 테스트 데이터로 구성된다. 각 테스트 데이터는 네트웍의 구조를 나타내며, 다음과 같은 형식을 사용한다.

서버_개수

서버$_{0}$ (직접_연결된_개수) 연결된_서버 ... 연결된_서버

...

서버$_{서버_개수}$ (직접_연결된_개수) 연결된_서버 ... 연결된_서버

첫 번째 줄에는 네트웍 상의 서버 대수를 나타내는 정수가 입력된다. 다음 서버 대수만큼의 줄에, 각 줄마다 서버 한 대에 대한 정보로 구성된다. 서버는 랜덤하게 입력되며, 각 서버가 연결되는 정보를 갖고 있다. k 가 0 ~ 서버_개수 사이의 값을 가질 때, 서버 k 번째 줄은 서버 k 에서 직접 연결된 개수를 나타내고, 서버 k 와 직접 연결되는 서버 정보가 입력된다.

서버들은 0 부터 서버_개수-1 사이의 번호로 표현된다. 입력 데이터의 오류는 없다. 입력 예제의 첫 번째 테스트 데이터는 그림 1 의 네트웍을 나타낸 것이고, 두 번째 테스트 데이터는 빈 네트웍을 나타낸다.

출력

각 테스트 데이터에 대해서, 임계 연결의 개수를 출력하고, 임계 연결에 해당하는 연결을 각 줄마다 하나씩 아래 출력 예제와 같은 형식으로 출력하여라. 임계 연결은 작은 번호를 먼저 출력하며, 전체적으로 오름차순으로 출력하여라. 결과 다음에는 빈 줄을 하나 출력하도록 한다.

 **입력 예제**

```
8
0 (1) 1
1 (3) 2 0 3
2 (2) 1 3
3 (3) 1 2 4
4 (1) 3
7 (1) 6
6 (1) 7
5 (0)

0
```

출력 예제

```
3 critical links
0 - 1
3 - 4
6 - 7

0 critical links
```

풀이

정점에서 연결되는 다음 정점이 상위의 정점과 연결되지 않는 AP 인 경우를 구하는 문제이다. 전체가 연결된 네트워이 아니라 각각 떨어진 네트워 상에서 각 연결별로 AP를 구해야 한다.

정점보다는 간선을 구하는 문제이므로, 루트에서 자식의 개수가 2 개 이상인 경우 AP로 체크하는 처리는 필요하지 않다. 단, 현재 정점에서 다음 정점으로 이동할 때 다음 정점이 현재 정점의 조상과 연결되지 못하면, 이 간선이 임계 연결이 된다. 코드는 다음과 같다.

```
#include <iostream>
#include <string>
#include <algorithm>
#include <sstream>

using namespace std;

struct path
{
  int start, end;
};

int num, dfs[100], lown[100], cnt, ansc;
bool map[100][100];
path all[100];

// 이전에 오는 정점이 부모가 된다.
void Ap(int x, int parent)
{
  dfs[x] = ++cnt;
```

```
lownn[x] = dfs[x];

int v, child = 0;

for (v = 0; v < num; v++) {
  // 방금 전에 온 정점이 아니고, 연결된 경우.
  if (map[x][v] && parent != v) {
    // 방문하지 않은 경우
    if (dfs[v] == 0) {
      Ap(v, x);
      child++;

      // 자식을 방문한 경우, 자식들이 자신의 x 의 상위 조상과
      // 연결되지 않은 경우 단절점에 해당한다.
      if (lown[v] > dfs[x]) {
        // 연결된 두 정점에서 작은 숫자가 start, 큰 숫자가 end
        if (x > v) {
          all[ansc].start = v;
          all[ansc].end = x;
        }
        else {
          all[ansc].start = x;
          all[ansc].end = v;
        }

        // 자식 개수 증가
        ansc++;
      }
      // 이후 연결된 정점중에서도 연결하다 더 빨리 방문된 정점이
      // 있는 경우 그 점을 저장한다.
      if (lown[v] < lown[x]) lown[x] = lown[v];
```

```
        }
        // 연결되었으나 같은 곳으로 부터 온 점이 아닌 경우에
        // 방문한 순서가 더 빨랐다면 그점을 저장한다.
        else if (lown[x] > dfs[v]) lown[x] = dfs[v];
      }
    }
}

int pathsort(const path &a, const path &b)
{
  if (a.start != b.start) return a.start < b.start;
  else return a.end < b.end;
}

int main()
{
  int i, j, a, b;
  string temp;
  char tp;

  while(cin >> num) {
    for (i = 0; i < num; i++) fill(map[i], map[i]+num, false);
    fill(dfs, dfs+num, 0);
    fill(lown, lown+num, 0);

    for (i = 0; i < num; i++) {
      cin >> a >> temp;
      istringstream is(temp);
      is >> tp >> cnt;

      for (j = 0; j < cnt; j++) {
```

```
            cin >> b;
            map[a][b] = map[b][a] = true;
        }
    }

    ansc = 0;
    cnt = 0;
    for (i = 0; i < num; i++) {
      // 각각 나누어진 연결 정보들에서 AP 를 찾아야 한다.
      if (dfs[i] == 0) Ap(i, -1);
    }

    cout << ansc << " critical links" << endl;
    sort(all, all+ansc, pathsort);

    for (i = 0; i < ansc; i++) {
       cout << all[i].start << " - " << all[i].end << endl;
    }
    cout << endl;
  }

  return 0;
}
```

Part 2 Topological Sort

 Lesson1 Topological Sort

Topological Sort(위상 정렬) 는 KOI 에서 가끔씩 출제되는 유형이다. 상대적인 순서를 모두 유지하면서 전체 순서를 구해내는 알고리즘이다.

컴퓨터를 만든다고 가정해보자. 컴퓨터 부품 중에서 키보드를 만들 때 먼저 각 키를 만들어야 한다. 따라서, 어떤 작업은 먼저 이루어지는 작업을 마무리해야 시작할 수 있다. 작업 순서를 예를 들어보자. 3 번 작업은 1 번 작업과 2 번 작업이 마무리되어야 시작할 수 있는 식이다. 다음의 데이터는 이러한 작업 순서를 나타낸다.

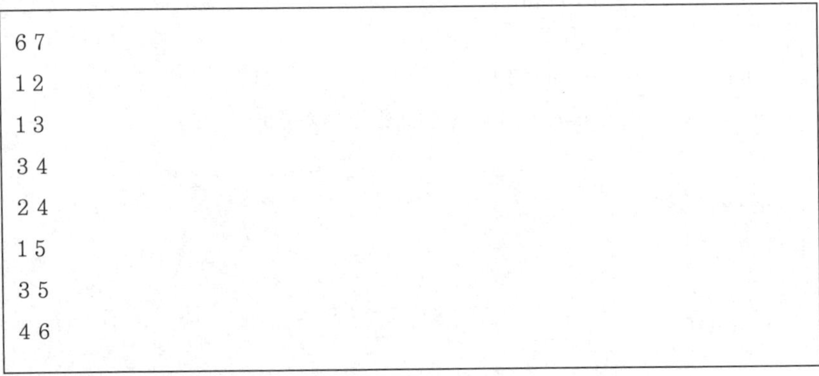

```
6 7
1 2
1 3
3 4
2 4
1 5
3 5
4 6
```

첫 번째 줄은 작업의 개수와 작업 순서의 총 개수를 나타낸다. 다음 줄부터 작업 순서를 차례대로 나타낸다. 첫 번째 수는 먼저 이루어져야 하는 작업 번호이고 두 번째수는 첫 번째 작업이 마무리된 이후에 시작할 수 있는 작업 번호이다. 이러한 데이터를 기준으로 올바른 작업 순서를 구해보자. 만일 작업 순서가 여러가지라면 사전 순서상 가장 빠른 순서를 구해야 한다고 하자. 위의 데이터를 기준으로 그래프로 표현하면 다음과 같다.

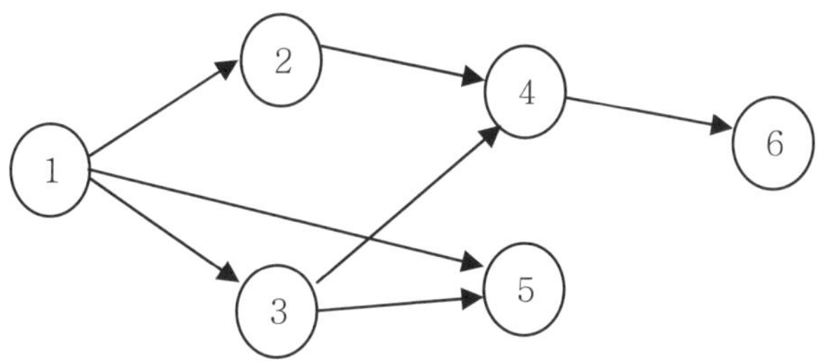

위 그래프를 표로 다시 표현하면 다음과 같다.

	1	2	3	4	5	6
1	0	1	1	0	1	0
2	0	0	0	1	0	0
3	0	0	0	1	1	0
4	0	0	0	0	0	1
5	0	0	0	0	0	0
6	0	0	0	0	0	0
sum	0	1	1	2	2	1

첫 번째 행과 첫 번째 열은 각 정점의 번호를 2 차원으로 표시한 것이다. 예를 들어 3 번 작업 이전에 1 번 작업을 해야 하는 경우는 1 행 2 열을 1 로 세팅해 준다. 열마다 1 의 총합을 sum 행에 구해주었다.

이 sum 행의 값은 자신의 작업 이전에 마쳐야 하는 작업의 개수가 된다. 예를 들어 4 번 작업은 먼저 2 개의 작업이 마무리 되어야 진행할 수 있다는 말이다. sum 행의 값이 0 인 작업은 이전에 해야되는 작업이 아무것도 없으므로 작업을 진행할 수 있다. 위 표에서는 1 번 작업의 값이 0 으로 이전에 해야할 작업이 없다. 문제에서 올바른 작업 순서인 경우 사전식 순서에 의해서 순서를 정해야 한다고 했다. 따라서, sum 의 값이 0 인 경우가 2 개 이상인 경우 작업 번호가 빠른 것부터 처리하면 사전식 순서에 의해 빠른 순서를 얻어낼 수 있다. 이제 첫 번째 작업부터 진행시켜보자.

작업 순서: 1

1 번 작업을 진행하면 표와 그래프의 변화가 발생한다. 1 번 작업을 빼면 그래프는 다음과 같아진다.

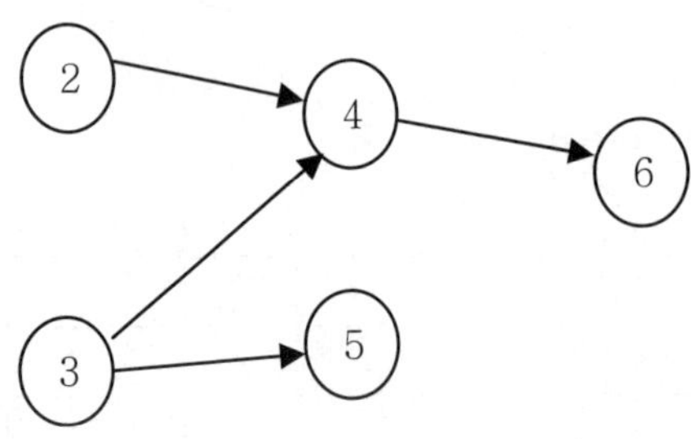

그래프의 변경을 표에도 적용시킨다. 표에 적용할 때는 1 번 행에서 1 인 열의 sum 값을 1 씩 줄여준다. 즉, 다음과 같이 변경된다.

	1	2	3	4	5	6
1	0	1	1	0	1	0
2	0	0	0	1	0	0
3	0	0	0	1	1	0
4	0	0	0	0	0	1
5	0	0	0	0	0	0
6	0	0	0	0	0	0
sum	−1	0	0	2	1	1

sum 행에서 1 번 작업과 연결된 작업들의 이전 작업 개수를 1 씩 빼준 결과이다. 2 번과 3 번 작업은 1 번이 사라짐에 따라서, 먼저 해야할 작업 개수가 없어졌다. 1 번 작업의 sum 값을 −1 로 처리한 것은 다음에 0 인 작업을 처리할 때 중복 처리되지 않도록 저장한 것이다. 그래프에서 보면 현재, 2 번과 3 번 작업이 처리될 수 있다. 표에서도 sum 값이 0 인 것은 2 번과 3 번이다.

작업 하나만 더 처리해보자. 이번에는 sum 값이 0 인 작업이 2 개이다. 사전식 순서를 위해서 작업 번호가 더 작은 번호를 처리하면 2 번 작업이 처리된다. 작업 순서는 다음과 같다.

```
작업 순서: 1 2
```

이제 2 번 작업에 대해서도 그래프와 표에 적용해보자. 그래프는 2 번 작업을 제거하면 다음과 같이 변한다.

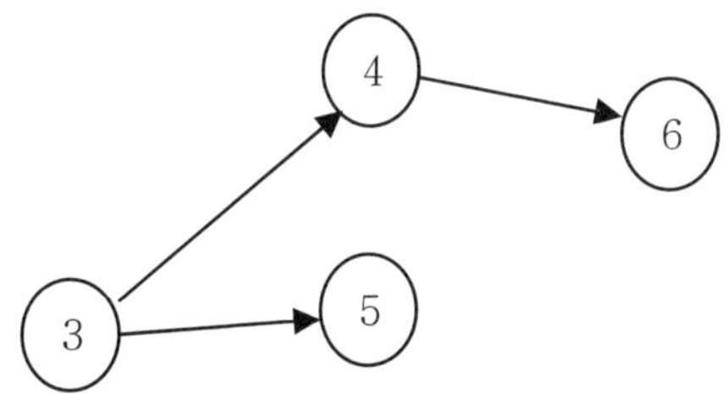

변환된 값을 표에 적용하면 sum 행은 다음과 같이 변경된다.

sum	−1	−1	0	1	1	1

위상 정렬의 규칙은 다음과 같이 정리할 수 있다.

1) sum 값이 0 인 작업 중 가장 빠른 작업 처리
2) 처리되는 작업과 연결된 작업의 sum 을 1 씩 감소시킨다.
3) 모든 작업이 처리되지 않았다면 다시 1)로 돌아간다.

위의 규칙대로 처리하면서 모든 sum 값이 −1 이 되면 종료된다. 차례대로 처리되는 작업 순서를 출력하면 된다. 코드는 다음과 같다.

```
#include <iostream>
```

```
using namespace std;

int w[100][100], n;
int sum[100];

void TS(void)
{
  int rest = n;
  int i, j;

  // 전제 작업 개수 만큼 반복
  while (rest--) {
    // 이전에 처리되지 않은 작업 중
    // 이전 작업이 없는 제일 빠른 번호의 작업을 구한다.
    for (i = 0; i < n; i++) {
      if (sum[i] == 0) break;
    }

    // 현재 처리되는 작업
    sum[i] = -1;

    cout << i+1 << " ";

    // 현재 작업이 이전 작업의 합계에 더해진 작업들에 대해서
    // 이전 작업 합계를 1 씩 감소시킨다.
    for (j = 0; j < n; j++) {
      if (w[i][j] == 1) sum[j]--;
    }
  }
}
```

```
int main()
{
  int m, a, b;

  cin >> n >> m;
  while (m--) {
    cin >> a >> b;

    // 이전 작업에 대해서 배열을 세팅한다.
    w[a-1][b-1] = 1;

    // 이전 작업의 합계를 구한다.
    sum[b-1]++;
  }

  TS();

  return 0;
}
```

출력 결과는 다음과 같다.

```
1 2 3 4 5 6
```

이제 Topological Sort 와 관련된 문제를 풀어보자.

Lesson2 UVA124 다음 순서

순서는 수학이나 정보 분야에서는 대단히 중요한 개념이다. 조른의 보조 정리나 고정-점 처리에도 순서는 대단히 중요하다.

이 문제는 조른의 보조 정리나 고정-점 의미론을 포함하지는 않는다. 그러나, 순서는 포함된다. x 〈 y 조건을 갖는 변수의 목록이 주어지면, 조건들에 의해 정렬된 변수 전체를 출력하는 프로그램을 작성하여라.

예를 들어, x 〈 y 이고 x 〈 z 라는 조건이 주어지면, x y z 와 x z y 조건을 만족하는 두 가지 정렬 순서의 x, y, z 변수 목록이 존재한다.

입력

입력은 조건 정보들로 구성된다. 정보는 두 줄로 구성된다. 첫 번째 줄에는 변수들의 목록이 입력되고, 다음 줄에는 조건들의 목록이 주어진다. 조건의 변수 한 쌍으로 구성된다. 예를 들어, 변수 한 쌍으로 "x y" 로 입력되면 "x 〈 y" 라는 의미이다.

모든 변수는 문자 하나로 구성되며 각 문자들은 모두 영문 소문자를 사용한다. 변수 정보는 적어도 2 개 이상의 변수로 구성되며, 20 개 이하의 변수만 사용된다. 조건 정보는 적어도 하나 이상 입력되며, 50 개 이하의 조건으로 구성된다. 두 줄로 입력되는 이들 조건 정보들은 적어도 하나 이상 입력되며, 300 개 이하로 입력된다.
입력은 EOF 로 종료된다.

출력

각 조건 정보에 대해서, 조건들에 의해서 구성될 수 있는 모든 순서들을 출력해야 한다. 각 순서를 한 줄에 하나씩 출력하며, 출력되는 순서는 영어 사전식 순서를 따른다. 각 조건 정보에 대한 출력을 처리한 이후에 빈 줄을 한 줄씩 삽입하도록 한다.

입력 예제

```
a b f g
a b b f
v w x y z
v y x v z v w v
```

출력 예제

```
abfg
abgf
agbf
gabf

wxzvy
wzxvy
xwzvy
xzwvy
zwxvy
zxwvy
```

 **풀이**

이 문제는 변수들을 Tolopological Sort 로 방문해야 하는데, 올바른 순서를 갖는 모든 경우를 다 출력해야 한다. 따라서, 현재 상태에서 방문할 수 있는 변수들을 차례대로 DFS 로 방문해야 한다. 코드는 다음과 같다.

```
#include <iostream>
#include <string>
#include <cctype>
#include <algorithm>
#include <map>
#include <sstream>

using namespace std;

bool e[20][20];
int c[20], n;
char name[20], o[21];
map <char, int> alpha;

void DFS_TS(int &l)
{
  int i,j;

  if (l==n) cout << o << endl;
  else {
    for (i = 0; i < n; ++i) {
      if (c[i] == 0) {
        o[l] = name[i];

        // 재 방문되지 않도록 자신의 정보를 -1 로 바꾼다.
```

```
          --c[i];

          // 현재 변수 다음에 방문해야 하는 변수 정보를 1 씩
          //  감소 시킨다.
          for (j = 0; j < n; ++j) {
            if (e[i][j]) --c[j];
          }

          // 방문한 변수 개수 증가
          ++l;
          // DFS 방식으로 호출
          DFS_TS(l);

          // DFS 를 위해서 정보 복원
          --l;
          for (j = 0; j < n; ++j) {
            if (e[i][j]) ++c[j];
          }

          // DFS 방식으로 다른 변수 이후 다시 방문될 수
          // 있으므로 복원한다.
          ++c[i];
        }
      }
    }
  }

int main()
{
  int i, j, l;
  char t, u;
```

```
bool first = true;
string str;

while (1) {
  getline(cin, str);
  if (str == "") break;

  if (!first) cout << endl;

  first = false;

  n = 0;
  istringstream in1(str);
  while (in1 >> t) name[n++] = t;
  sort(name, name+n);

  for (i = 0; i < n; ++i) {
     // 이름은 숫자로 변환하기 위해 map 으로 저장
     alpha[name[i]] = i;

    // 전체 배열 0 으로 초기화
    fill(e[i], e[i]+n, false);
  }

  getline(cin, str);
  istringstream in2(str);

  // Topological Sort 를 위해서 배열 세팅
  // 각 변수에 해당하는 인덱스를 map 을 통해 얻어낸다.
  while (in2 >> t >> u) e[alpha[t]][alpha[u]] = true;
```

```
    o[n] = 0;
    l = 0;
    for (i = 0; i < n; ++i) {
      c[i] = 0;
      for (j = 0; j < n; ++j){
        if (e[j][i]) ++c[i];
      }
    }
    DFS_TS(l);
  }

  return 0;
}
```

Lesson3 UVA452 프로젝트 일정잡기

퍼트라고 부르는 프로젝트 관리 기법은 큰 프로젝트를 작업 개수로 분할, 각 작업에서 요구되는 시간 계산, 다른 작업이 완료될 때까지 작업이 시작될 수 없도록 하는 결정을 포함한다. 이때, 프로젝트를 차트 형식으로 표현할 수 있다.

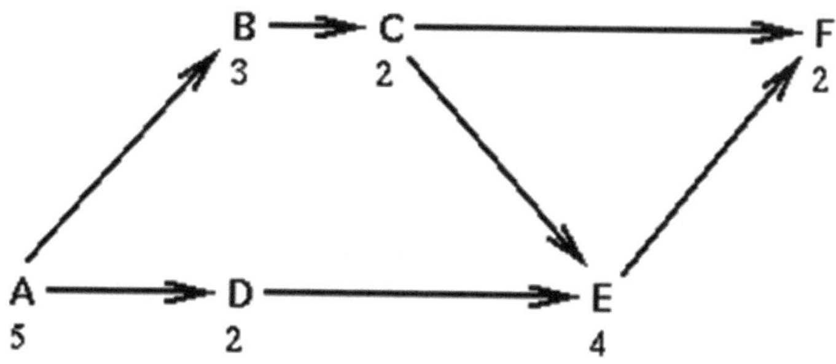

예를 들어, 입력 예제의 데이터를 사용했을 때 차트는 A, B, C, D, E, F 라는 작업을 갖고 각각 5, 3, 2, 2, 4, 2 일이 걸리며, C 와 D 가 완료될 때까지 작업 E 는 완료되지 않고, D 는 B 와 C 를 병렬로 수행할 수 있다는 것을 나타낸다.

퍼트 차트에 따라 프로젝트를 완성하는데 걸리는 시간을 계산하는 프로그램을 작성해라.

입력

입력은 테스트 데이터의 개수를 나타내는 정수로 시작된다. 다음 줄에 빈 줄이 하나 입력되며, 테스트 데이터 간에는 빈 줄이 하나씩 삽입되어 있다.

각 테스트 데이터는 1 줄에서 27 줄까지 입력될 수 있으며, 각각은 다른 작업을 포함한다. 각 줄에는 다음과 같은 내용이 포함된다.

1. 작업 이름을 나타내는 단일 영문 대문자. 입력 마지막 줄에는 공백이 입력되며, 그 이후 데이터는 무시된다.
2. 작업을 완료하는데 요구되는 날짜를 나타내는 정수
3. 0 개에서 26 개 사이의 덧붙여지는 영문 대문자는 이 작업을 시작하기 전에 완료해야만 하는 작업을 나타낸다.

출력

각 테스트 데이터마다 모든 작업을 완료하는데 걸리는 시간을 나타내는 정수를 한 줄 출력한다. 테스트 데이터 결과 사이에는 빈 줄을 하나씩 삽입하도록 한다.

입력 예제

```
2

A 5
```

```
B 3 A
D 2 A
C 2 B
F 2 CE
E 4 DC

A 5
B 3 A
D 2 A
C 2 B
F 2 CE
E 4 DC
```

출력 예제

```
16

16
```

 **풀이**

Topological Sort 를 사용하면서 이전 작업들의 최대 시간에다가 자신의 작업 시간을 더해야 자신의 작업이 마무리되는 시간을 구할 수 있다. 이런 작업 시간 중 최대 값을 구하는 문제이다. 코드는 다음과 같다.

```
#include <string>
#include <iostream>
#include <sstream>
#include <map>
#include <algorithm>

using namespace std;

int n, w[26], sum[26], b[26], mx, cnt;
bool a[26][26];
map<char, int> work;

int getWork(char wk)
{
  if (work.find(wk) == work.end()) work[wk] = cnt++;

  return work[wk];
}

void TS(void)
{
  int i, j, k = cnt;

  while (k--) {
    for (i = 0; i < cnt; i++) {
```

```
      if (b[i] == 0) break;
    }

    b[i]--;

    sum[i] = max(w[i], sum[i]);

    // 최대로 걸리는 작업 시간을 저장한다.
    mx = max(mx, sum[i]);

    for (j = 0; j < cnt; j++) {
      if (a[i][j]) {
        b[j]--;

        // 이전 작업의 최대 시간과 현재 작업시간을 더한 시간하고
        // 이전에 구해진 시간 합중 더 긴 시간을 저장한다.
        sum[j] = max(sum[j], sum[i]+w[j]);
      }
    }
  }
}

int main()
{
  string str, str2;
  int x, y, i;
  char ch;

  cin >> n;
  getline(cin, str);
  getline(cin, str);
```

```
while (n--) {
  cnt = 0;
  for (i = 0; i < 26; i++) fill(a[i], a[i]+26, false);
  fill(sum, sum+26, 0);
  fill(b, b+26, 0);
  mx = 0;

  while (1) {
    getline(cin, str);
    if (str == "") break;
    istringstream in(str);

    in >> ch;
    x = getWork(ch);

    // 작업별 비용
    in >> w[x];

    // 작업 이전에 완료해야할 작업이 있는 경우
    if (in >> str2) {
      // Topological Sort 를 위해서 세팅해준다.
      for (i = 0; i < str2.length(); i++) {
        y = getWork(str2[i]);
        a[x][y] = true;
        b[y]++;
      }
    }
  }

  // Topological Sort 호출
```

```
        TS();

        cout << mx << endl;
        work.clear();

        if (!n) cout << endl;
    }
    return 0;
}
```

Part 3 Union & Find

Lesson1 Union & Find

같은 집합에 속하는지를 판별하거나, 집합의 총 개수를 알아낼 때 사용할 수 있는 알고리즘이다. 이 알고리즘은 kruskal 에서 그룹을 세팅하는 방법과 동일하다. 용어가 그룹에서 집합으로 바뀐 것 뿐이지 완전히 동일한 방법이다.

같은 집합으로 묶어주는 것에 대해서 살펴보자. 아래 그림은 1 번 원소와 2 번 원소를 하나의 집합으로 묶는 것이다. 집합의 번호는 현재 집합에 속하는 원소 중 가장 작은 값으로 번호를 붙인다. 1 번 원소와 2 번 원소 중에서는 1 번이 더 작은 값이므로, 집합의 번호가 된다. 집합의 번호를 위에 표시한 것이다.

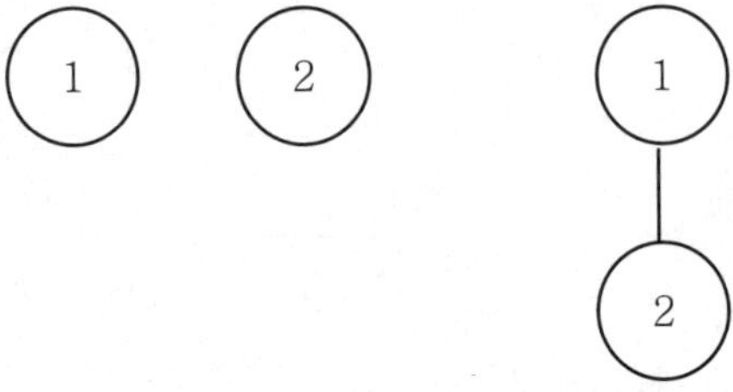

원소가 여러 개인 경우에 대해서 알아보자. 아래 그림은 각각 원소가 3, 2, 1 개를 갖는 집합이다.

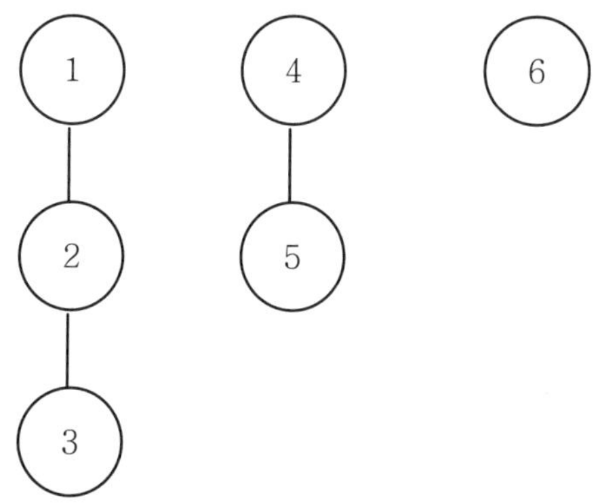

위와 같은 형식으로 3 개의 집합이 있는 경우, 집합에 대한 배열은 다음과 같이 세팅될 것이다.

	1	2	3	4	5	6
Union	1	1	2	4	4	6

3 번 원소가 속한 집합과 5 번 원소가 속한 집합을 통합해보자. 먼저, 3 번 원소는 집합 2 에 속하고, 집합 2 는 최종적으로 집합 1 에 속한다. 따라서, 3 번은 집합 1 의 원소가 된다. 5 번 정점은 집합 4 에 속하게 된다. 두 원소는 집합의 번호가 다르므로 서로 다른 집합이며, 이 때 두 집합을 병합해야 한다. 두 집합 번호 중 작은 번호가 최종 집합의 번호가 된다.

	1	2	3	4	5	6
Union	1	1	2	1	4	6

그림으로 표시하면 다음과 같다.

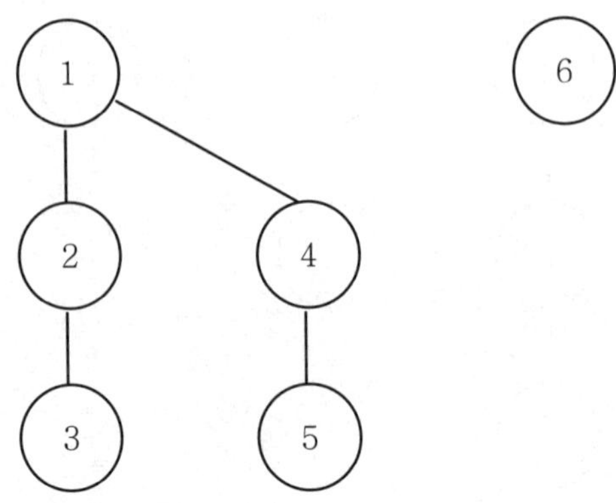

다시 3 번과 6 번 정점을 연결한다면, 3 번 정점은 집합의 번호를 찾기 위해 다시 자신의 레벨 깊이만큼 찾아서 올라가야 한다. 깊이가 깊을수록 매번 이러한 집합 번호를 찾는 시간이 더 걸리게 된다. 따라서, 이를 개선하는 방법은 집합 번호를 찾을 때 현재 자신이 속한 집합이 최종 집합 번호가 아닌 경우 큐에 자신의 인덱스를 저장해준다. 이렇게 저장된 큐의 원소들은 추후 집합의 번호를 최종 집합의 번호를 수정할 때 사용한다. 현재 여기서는 3 번 원소는 집합 2 에 속하는데, 최종 집합은 1 이므로 집합 1 의 원소로 수정될 수 있다. 이렇게 처리하는 경우 그림은 다음과 같아진다.

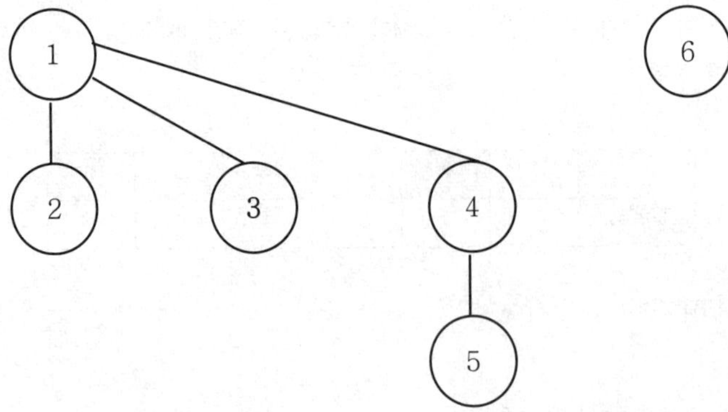

즉, 처음 연결되는 경우만 이전 깊이를 유지하며, 한번이라도 검색되면 바로 최종 집합 번호 아래에 존재된다. 이로서 1 번만 찾게 되면 집합 번호를 찾을 수 있게 된다.
표는 다음과 같이 수정될 것이다.

	1	2	3	4	5	6
Group	1	1	1	1	4	6

위와 같은 상태에서, 2 번 원소와 4 번 원소가 속한 집합을 연결하려 한다면, 같은 집합에 속하므로 아무 일도 하지 않아야 한다.

```
6 4
3 2
1 3
5 4
3 5
```

이 알고리즘에 필요한 데이터는 위와 같다. 첫 번째 줄은 n 과 m 으로 구성된다. n 은 원소의 개수를 나타내며, m 은 원소 관계를 나타내는 개수이다. 다음 줄부터 m 개 줄에 걸쳐서 원소의 관계가 입력된다. 서로 같은 집합에 속하는 원소들의 정보가 입력된다. 입력 데이터를 기준으로 해서 집합의 총 개수와 각 집합에 속하는 원소를 한 줄에 하나씩 출력해보자. Unoin & Find 코드는 다음과 같다.

```
#include <iostream>
#include <vector>
#include <algorithm>

using namespace std;

int un[100];
int n;

int union_find(int x)
{
```

```
  vector<int> q;

  // 집합 번호와 같은 원소가 아닌 동안 최종 집합을 찾아간다.
  while (un[x] != x) {
    // 자신이 속한 집합이 최종 집합이 아닌 경우 큐에 저장한다.
    if (un[x] != un[un[x]]) q.push_back(x);
    x = un[x];
  }

  // 큐에 원소가 존재하면
  while (!q.empty()) {
    // 원소를 최종 집합에 속하도록 변경한다.
    un[q.back()] = x;

    // 큐에서 마지막 원소를 하나씩 제거한다.
    q.pop_back();
  }

  // 집합 번호 리턴
  return x;
}

int main()
{
  int m, i, a, b, p, q, uc;
  bool prn[100];

  cin >> n >> m;

  // 처음에는 집합 개수가 원소의 개수와 같다.
  uc = n;
```

```
// 제일 처음에는 각자의 원소를 하나씩 갖는 집합으로 구성한다.
for (i = 1; i <= n; i++) un[i] = i;

while (m--) {
  cin >> a >> b;

  // 집합 검색
  p = union_find(a);
  q = union_find(b);

  // 집합이 다를 경우
  if (p != q) {
    // 더 작은 원소 번호가 집합 번호가 된다.
    if (p > q) un[p] = q;
    else un[q] = p;

    // 집합 2 개가 하나로 합쳐지므로 집합 개수는 줄어든다.
    --uc;
  }
}

// 집합 개수 출력
cout << uc << endl;

// 서로 다른 집합을 모두 출력한다.
// 출력되지 않은 것으로 배열을 세팅한다.
fill(prn, prn+n+1, false);

while (uc--) {
  for (i = 1; i <= n; i++) {
```

```
      // 출력되지 않은 첫번째 원소를 찾는다.
      if (!prn[i]) break;
    }

    a = i;

    // 출력되지 않은 첫 번째 원소의 집합에 속하는
    // 모든 원소를 출력한다.
    for (i = 1; i <= n; i++) {
      if (!prn[i] && a == union_find(i)) {
        cout << i << " ";
        prn[i] = true;
      }
    }
    cout << endl;
  }

  return 0;
}
```

이제 Union & Find 관련 문제를 풀어보자.

Lesson2 UVA10583 도처에 존재하는 종교

요즘 세상은 그들 모두의 정보를 얻어내기가 어려울 정도로 많은 다양한 종교들이 있다. 우리 대학의 학생들이 믿는 종교의 수가 얼마나 많은지를 알아내보자.
우리 대학의 학생은 n 명으로 구성되어 있다. n 은 1 ~ 50,000 범위를 갖는다. 모든 학생들에게 그들이 믿는 종교를 물어보는 것은 불가능하다. 게다가, 많은 학생들은 그들이 믿는 종교를 알려주기를 꺼린다. 이러한 문제를 해결할 수 있는 한 가지 방법은 m 쌍의 학생들에게 물어보면서, 그들이 같은 종료를 믿는지를 물어보는 것이다. 예를 들면, 그들은 같은 교회의 교파인지는 서로 알 수 있다. 여기서, m 은 0 <= m <= n*(n-1)/2 범위를 갖는다. 이러한 데이터로 부터, 각자가 믿는 종교가 무엇인지 알아내지는 못하지만, 학교에서 가능한 많은 종교들이 얼마나 많은지 상한선을 얻을 수는 있다. 각 학생들은 최대 1 개의 종교만 믿는다.

입력

입력은 여러 테스트 데이터로 구성된다. 각 테스트 데이터는 n 과 m 으로 두 개의 정수가 한 줄로 입력되면 시작된다. 다음에 m 개의 줄에는 같은 종교를 믿는 학생 i 와 j 가 한 줄씩 입력된다. 학생 번호는 1 부터 n 으로 구성된다. n 과 m 의 값으로 0 이 들어오면 입력이 끝난다.

출력

각 테스트 데이터에 대해서, 테스트 데이터의 번호를 1 번부터 시작하여 출력하고, 학교 내의 학생들이 믿는 서로 다른 종교의 최대 개수를 출력하여라. 출력 형식은 아래 출력 예제를 참고하여라.

입력 예제

```
10 9
1 2
1 3
1 4
1 5
1 6
1 7
1 8
1 9
1 10
10 4
```

```
2 3
4 5
4 8
5 8
0 0
```

출력 예제

```
Case 1: 1
Case 2: 7
```

메모장

 **풀이**

이 문제는 Union & Find 를 그대로 적용하여 풀 수 있는 간단한 문제이다. 코드는 다음과 같다.

```
#include <iostream>
#include <vector>

using namespace std;

int un[50001], total;

int union_find(int x)
{
  vector<int> q;

  // 최종 집합을 찾아간다.
  while (x != un[x]) {
    // 자신이 속한 집합이 최종 집합이 아닌 경우 큐에 넣는다.
    if (un[x] != un[un[x]]) q.push_back(x);
    x = un[x];
  }

  // 큐에 넣었던 원소를 최종 집합으로 변경한다.
  while (!q.empty()) {
    un[q.back()] = x;
    q.pop_back();
  }

  return x;
}
```

```
int main()
{
  int ic, n, m, i, a, b, p, q;
  ic = 0;

  while (1) {
    if (ic) cout << endl;

    cin >> n >> m;
    if (m==0 && n==0) break;

    // 전체 종교의 개수를 학생 수로 초기화
    total = n;

    // 자신의 원소 번호로 집합 번호 세팅
    for (i = 1; i <= n; i++) un[i] = i;

    while (m--)       {
      cin >> a >> b;

      // 두 원소가 어느 집합에 속하는지를 검사한다.
      p = union_find(a);
      q = union_find(b);

      if (p != q) {
        if (p > q) un[p] = q;
        else un[q] = p;

        // 두 집합을 하나로 통합하므로 종교 개수가 줄어든다.
        --total;
```

```
        }
      }
      cout << "Case " << ++ic << ": " << total;
    }
    return 0;
}
```

Lesson3 UVA10608 친구들

한 마을에 N 명의 사람들이 살고 있다. 일부 사람들 그룹들은 친구들이라고 알려져 있다. "나의 친구의 친구는 역시 나의 친구다" 라는 유명한 말에 따라서, A 와 B 가 친구고, B 와 C 가 친구면, A 와 C 도 역시 친구가 된다.

가장 큰 친구 모임에 존재하는 사람들은 몇 명인지를 세어보도록 해라.

입력

첫 번째 줄에는 테스트 데이터의 총 개수가 입력된다. 각 테스트 데이터의 첫 번째 줄은 N 과 M 으로 구성된다. N 은 도시의 사람 수를 나타내며 1 ~ 30,000 명으로 구성될 수 있다. M 은 친구로 알려진 친구의 쌍의 개수를 나타내며, 0 ~ 500,000 의 범위를 갖는다. 다음 M 개 줄에 걸쳐서 친구 관계인 A 와 B 가 한 줄씩 입력된다. A 와 B 의 범위는 각각 1 ~ N 값을 가지며, A 와 B 는 서로 다른 수로 구성된다. 한 테스트 데이터 내에서는 중복은 존재하지 않는다.

출력

각 테스트 데이터에 대해서, 가장 많은 친구 그룹의 사람 수를 한 줄씩 출력하여라.

입력 예제

```
2
3 2
1 2
2 3
10 12
1 2
3 1
3 4
5 4
3 5
4 6
5 2
2 1
7 10
1 2
9 10
8 9
```

출력 예제

```
3
6
```

풀이

단순히 집합을 통합할 때 통합하는 집합에 두 집합의 원소 개수를 더해서 집합 원소 개수를 유지시키는 부분만 구현하면 된다. 이러한 집합의 원소 개수 중 최대 개수를 구하면 된다. 코드는 다음과 같다.

```
#include <iostream>
#include <vector>
#include <algorithm>

using namespace std;

int un[30001], num[30001], mx;

int union_find(int x)
{
  vector<int> q;

  // 최종 집합을 찾아간다.
  while (x != un[x]) {
    // 자신이 속한 집합이 최종 집합이 아닌 경우 큐에 넣는다.
    if (un[x] != un[un[x]]) q.push_back(x);
    x = un[x];
  }

  // 큐에 넣었던 원소를 최종 집합으로 변경한다.
  while (!q.empty()) {
    un[q.back()] = x;
    q.pop_back();
  }
```

```
  return x;
}

int main()
{
  int ic, n, m, i, a, b, p, q, mx;

  cin >> ic;

  while (ic--) {
    cin >> n >> m;
    mx = 0;

    // 자신의 원소 번호로 집합 번호 세팅
    for (i = 1; i <= n; i++) un[i] = i;

    // 집합의 원소 개수를 각각 1로 세팅
    fill(num, num+n+1, 1);

    while (m--)        {
      cin >> a >> b;

      // 두 원소가 어느 집합에 속하는지를 검사한다.
      p = union_find(a);
      q = union_find(b);

      if (p != q) {
        // 두 집합을 하나로 통합할 때 통합되는 집합에 개수를
        // 더해주고, 최대 원소 개수를 갱신한다.

        if (p > q) {
```

```
          un[p] = q;
          num[q] += num[p];
          mx = max(mx, num[q]);
        }
        else {
          un[q] = p;
          num[p] += num[q];
          mx = max(mx, num[p]);
        }
      }
    }
    cout << mx << endl;
  }
  return 0;
}
```

Part 4 Network Flow

Lesson1 Network Flow

Network Flow(이하 NF) 는 네트웍의 흐름상의 정보를 활용하여 각 유량들에 흐를 수 있는 최대 유량을 최적으로 구해내는 알고리즘이다. 여기서 필요한 두 가지 용어에 대해서 먼저 살펴보자.

Capacity : 간선에 허용된 제한 용량
Flow : 간선에 흐르는 용량.

다음 그래프는 각 간선에 Capacity 를 표시한 것이다.

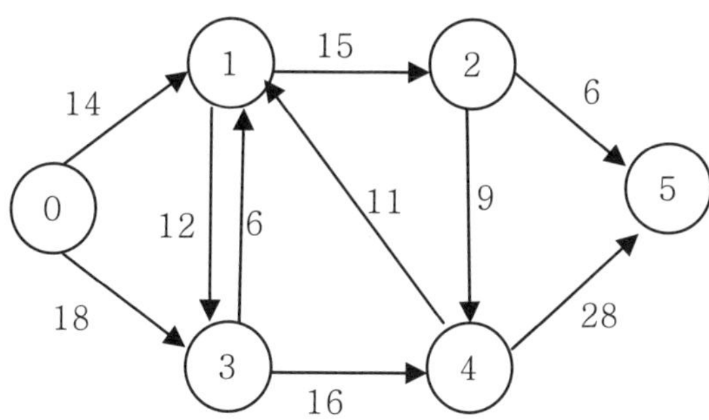

출발 지점은 0 번 정점이고, 도착 지점은 5 번 정점이다. 예를 들어, 1 번 정점에서 2 번 정점으로는 0 ~ 15 까지의 용량만 받아들일 수 있다는 의미이다. 다음 그래프는 Flow 를 같이 표시한 것이다.

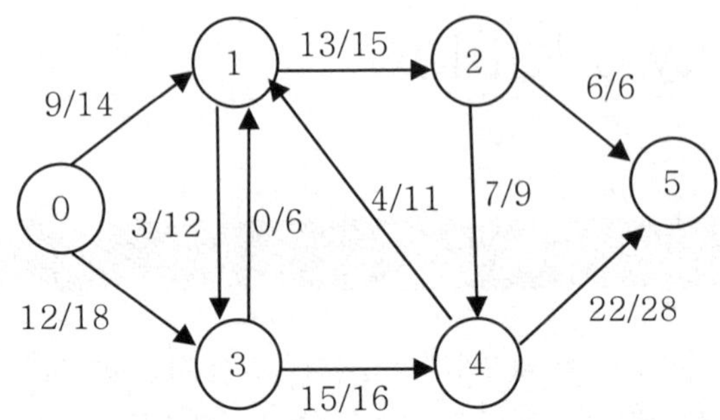

간선에는 "Flow/Capacity" 로서 용량별 흐름이 표시되어 있다. 예를 들어 2 번 정점에서 4 번 정점의 제한 용량은 9 이고, 현재 흐르는 용량은 7 이라는 의미이다.

현재의 그래프에서는 3 가지 규칙이 존재한다.

1) Capacity Constaraints(용량의 제한) : 간선의 Capacity 보다 Flow 가 클 수 없다. 위 그래프에서 모든 간선의 Capacity 보다 Flow 가 적은 것을 확인할 수 있다.
2) Skew Symmetry(비대칭성) : i 정점에서 j 정점으로의 간선과 역방향인 j 정점에서 i 정점으로의 간선의 부호는 반대가 된다.
3) Flow Conservation(흐름 보존) : i 정점에 들어오는 모든 용량과 나가는 모든 용량의 합은 같다.

NF 에서는 출발점과 도착점이 각각 하나만 존재하여야 한다. 그러나, 문제에 따라서는 여러 개의 출발점과 여러 개의 도착점을 갖게 된다. 다음 그래프를 살펴보자.

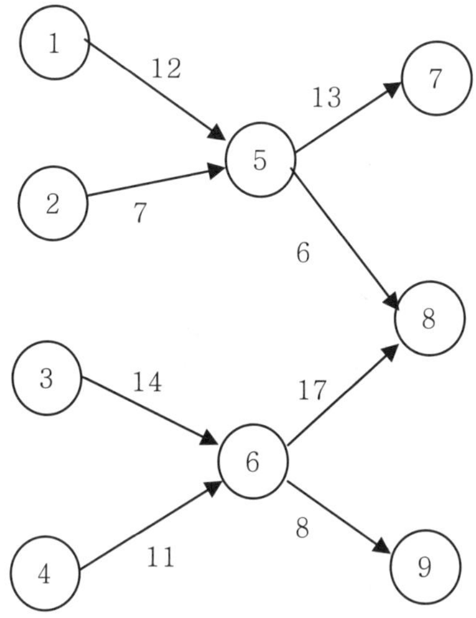

위 그래프는 출발점과 도착점이 여러 개이다. 출발점은 나가는 용량만 있는 정점이고, 도착점은 들어오는 용량만 있는 정점이 해당된다. 위의 경우 출발점은 4 개, 도착점은 현재 3 개가 존재한다. 이러한 경우는 NF 를 적용하기 힘드므로, 그래프를 다음과 같이 변경 하도록 한다.

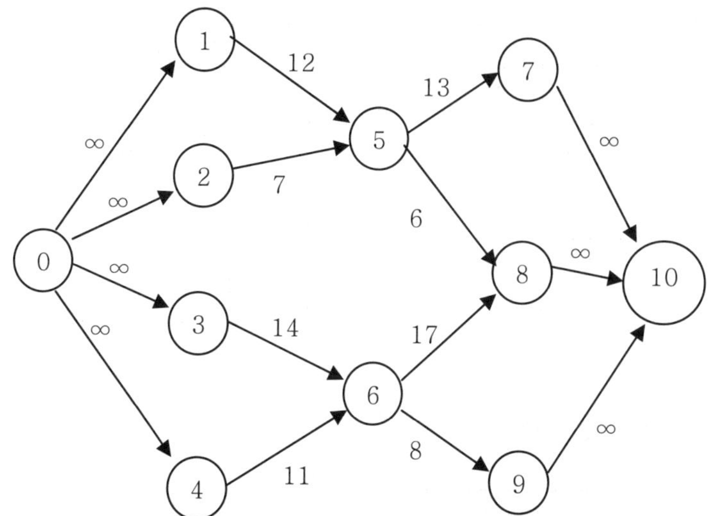

출발점과 도착점을 하나씩 추가하여, 새로운 출발점에서는 무한대로 내보내는 간선을 이전의 출발점들에 연결해주고, 새로운 도착에서는 이전의 도착점에서 무한대로 들어오는 간선들을 연결해주었다. 이렇게 처리되면, 하나의 출발점과 하나의 도착점으로 구성되는 NF 가 된다.

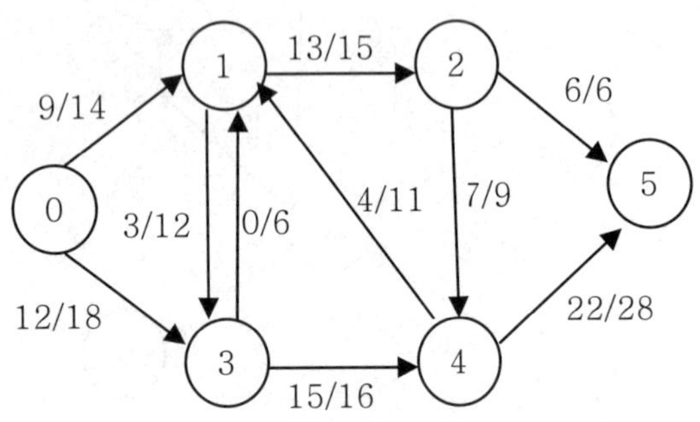

처음 그래프에서 Capacity 는 다음 배열 C 로 나타낼 수 있다.

C	0	1	2	3	4	5
0	0	14	0	18	0	0
1	0	0	15	12	0	0
2	0	0	0	0	9	6
3	0	6	0	0	16	0
4	0	11	0	0	0	28
5	0	0	0	0	0	0

또한, Flow 는 다음의 배열 F 로 나타낸다.

F	0	1	2	3	4	5

0	0	9	0	12	−4	0
1	−9	0	13	3	0	0
2	0	−13	0	0	7	6
3	−12	−3	0	0	15	0
4	0	4	−7	−15	0	22
5	0	0	−6	0	−22	0

F 배열에서 단방향 간선은 반대 간선이 0 인 경우 음수로 세팅한다. 예를 들어, 1 번 정점에서 2 번 정점으로의 간선은 용량이 13 이다. 반대 간선인 2 번 정점에서 1 번 정점으로의 간선은 용량이 −13 으로 세팅된다.

Capacity 에서 허용하는 용량보다 Flow 에서 흐르는 용량이 더 적으므로 남은 잔여 용량만큼 더 흐를 수 있다. 이러한 용량을 Residual Capacity(잔여 용량) 이라고 한다. Residual Capacity(줄여서 RC) 는 Capacity 배열 C 에서 Flow 배열 F 의 각 원소의 값을 빼주면 얻을 수 있다. RC 배열의 값은 다음과 같다.

F	0	1	2	3	4	5
0	0	5	0	6	4	0
1	9	0	2	9	0	0
2	0	13	0	0	2	0
3	12	9	0	0	1	0
4	0	7	7	15	0	6
5	0	0	6	0	22	0

Residual Network(RN; 잔여 네트웍)의 그래프는 다음과 같다.

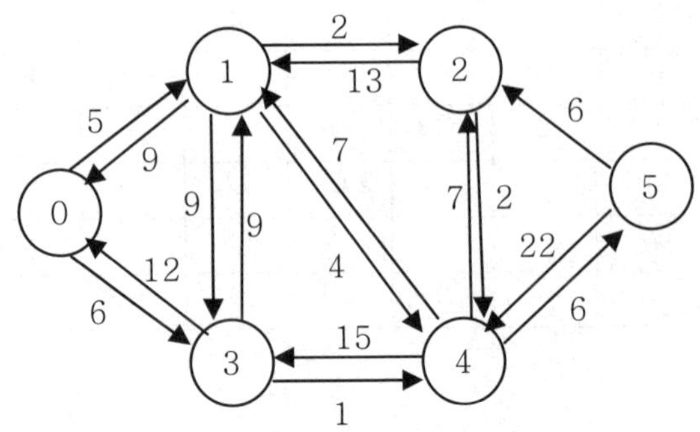

Lesson2 Ford-Fullkerson

NF 에 필요한 기초 개념을 활용하여 실제 흐를 수 있는 최대 용량을 구하는 Ford-Fullkerson 알고리즘을 살펴보자. Flow Network(이하 FN) 와 Residual Network(이하 RN) 를 활용하는 것이다. FN 은 이전의 Flow 와는 다른 개념으로 실제 흐를 수 있는 량을 경로로 연결해주게 된다.

초기에 FN 은 Kruskal 처럼 각 정점들만으로 구성된다. 즉, 다음과 같다.

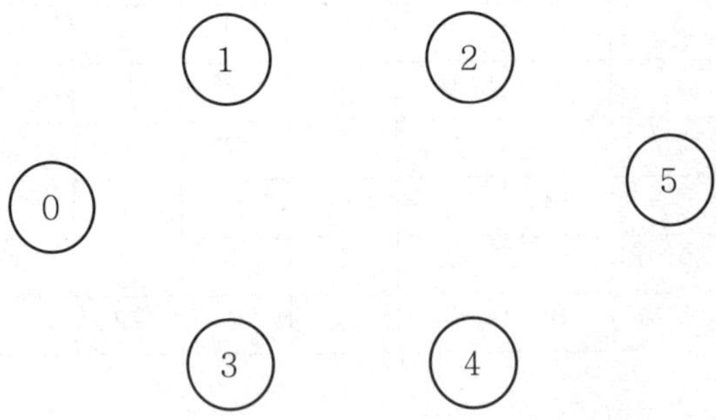

RN 은 초기에 Capacity 용량으로 초기화된다. 여기서, 간선 정보로부터 DFS 를 활용하여 출발점에서 도착점으로 오는 경로를 하나 검색한다. RN 에서 작은 번호를 가진 정점부터 우선 방문한 초기 경로는 다음과 같다.

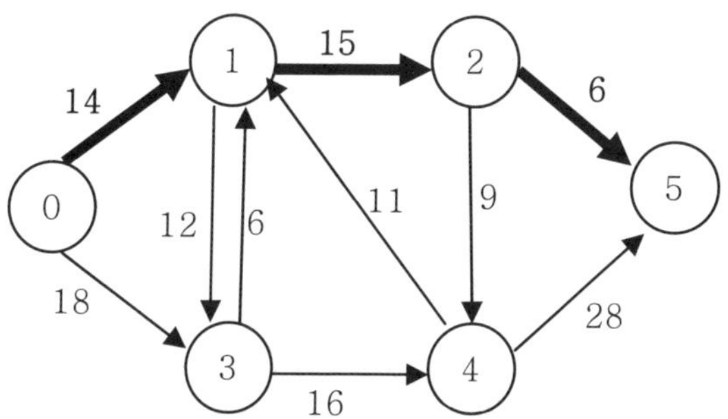

경로에 속하는 간선 중에서 최소의 용량을 FN 에 세팅해주고, RN 을 갱신해준다. 현재, 최소 용량은 6 이므로, FN 은 다음과 같이 갱신된다.

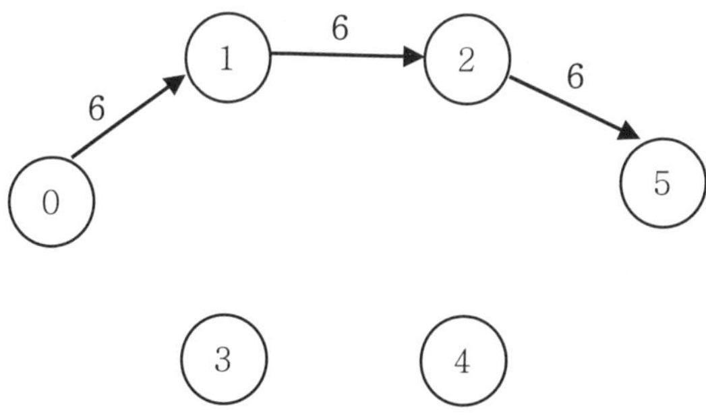

FN 에 따라, RN 은 다음과 같이 갱신된다.

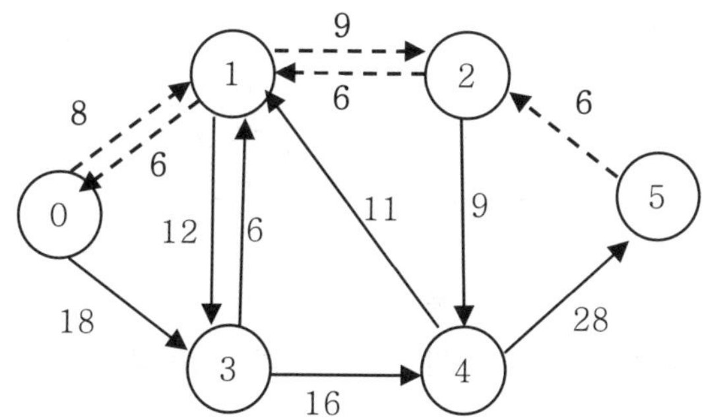

수정된 RN 에서는 처음에 찾았던 경로는 반대의 경로로 최소의 용량으로 세팅 시켜주고, 원래 흐르던 경로의 간선에는 최소의 용량을 빼주어야 한다. FN 과 RN 이 세팅은 DFS 를 거꾸로 역추적하면서 갱신한다. 현재 까지 Max Flow 는 6 이 된다. 다시 갱신된 RN 에서 DFS 로 새로운 경로를 찾으면 다음과 같다.

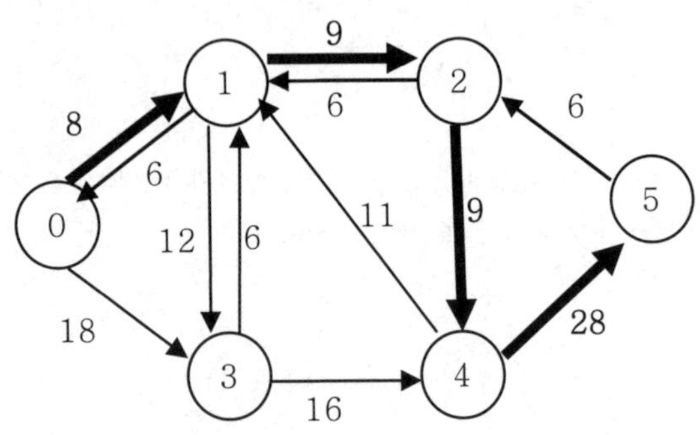

이번에 찾은 경로에서는 최소 용량이 8 이며, FN 을 수정하면 다음과 같다.

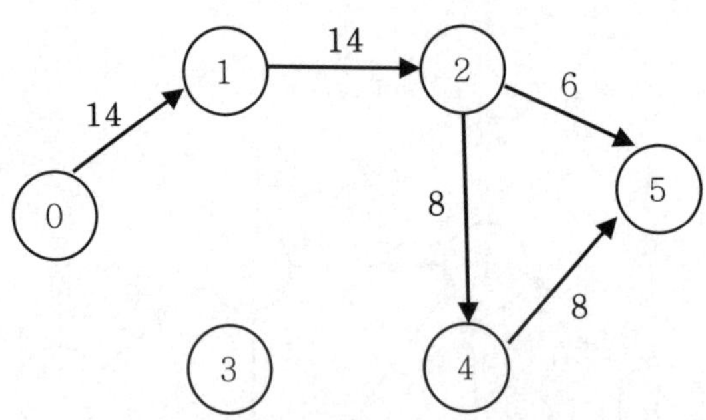

FN 은 갱신될 때 이전에 저장된 간선의 값에 최소 용량을 더해준다. RN 은 다시 다음과 같이 갱신된다.

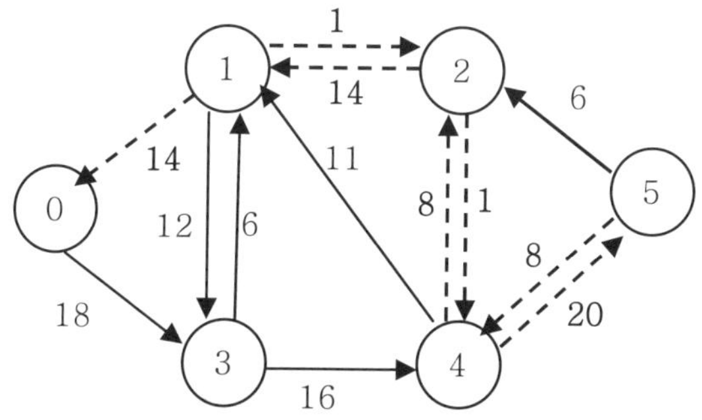

지금까지의 Max Flow 는 14 가 된다. Max Flow 는 물론 모든 처리가 끝난 이후에 FN 의 출발점에서 나가는 Flow 의 합으로 구해도 된다. 다시 DFS 로 경로를 구하면 다음과 같다.

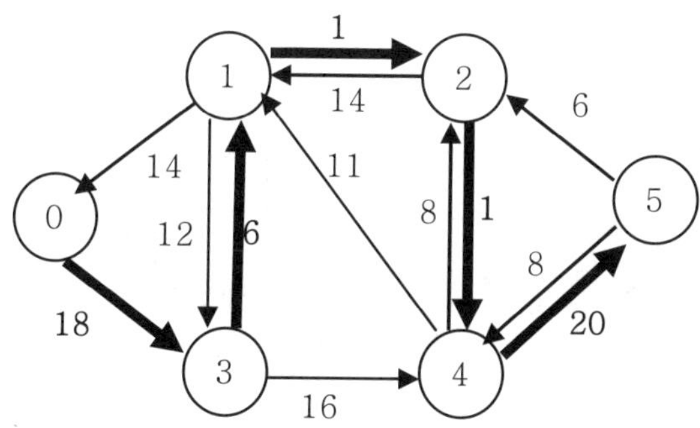

이번에 구성된 최소 용량은 1 이다. 이를 기준으로 갱신된 FN 은 다음과 같다.

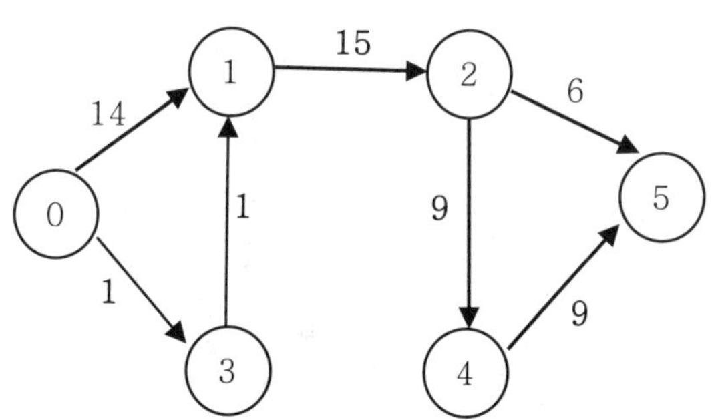

RN 은 다음과 같이 갱신된다.

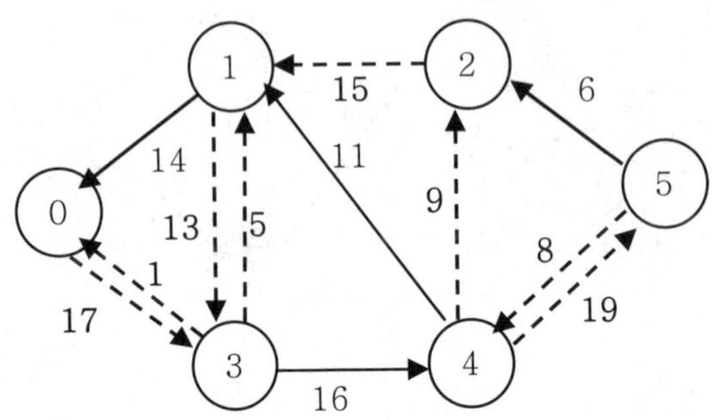

현재까지 Max Flow 는 15 이다. 다시 RN 에서 DFS 로 경로를 구하면 다음과 같다.

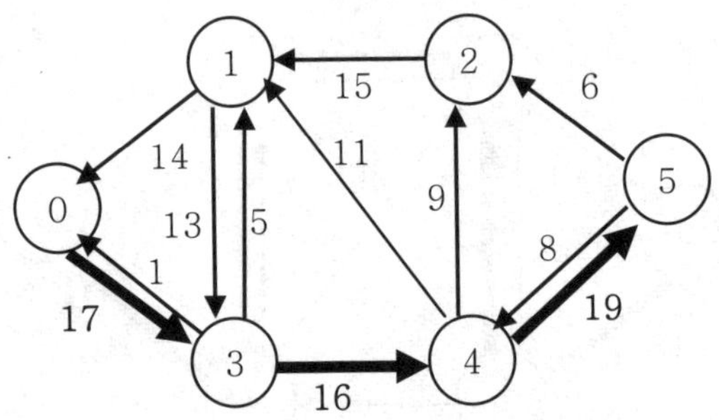

재검색된 경로에 따라 수정되는 FN 은 다음과 같다. 현재 경로의 최소 용량은 16 이다.

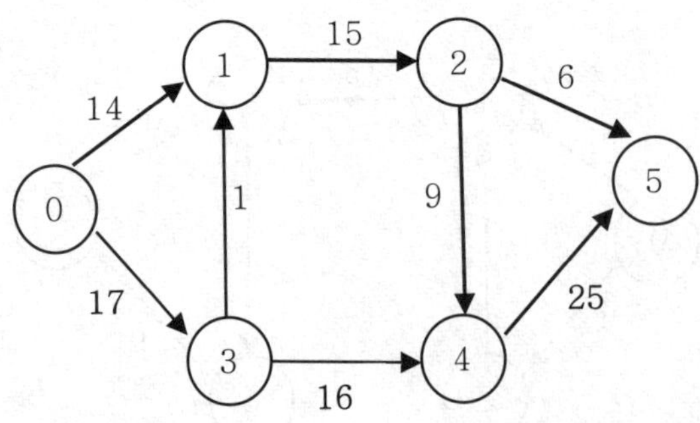

RN 은 다음과 같이 갱신된다.

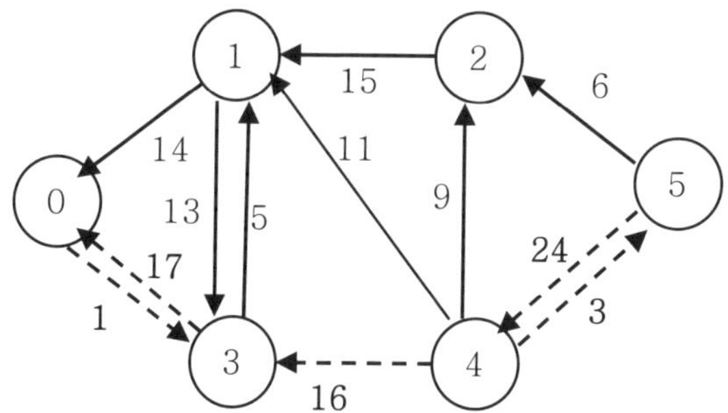

이제 다시 DFS 를 활용하여 경로를 찾으면, 출발점에서 도착점에 도달할 수 있는 경로가 더 이상 존재하지 않게 된다. 이때, 알고리즘을 종료하게 되며, 그래프에 흐를 수 있는 Max Flow 는 FN 의 나가는 Flow 의 총합인 31 이 된다. 반대로, RN 에서 출발점으로 들어오는 유량의 총합과 같다.

DFS 를 구현할 때 현재 지점에서 방문할 수 있는 다음 지점의 개수를 미리 저장해두면 갔다가 되돌아오는 회수를 줄일 수 있다.

Lesson3 Edmonds-Karp

Ford-Fulkerson 알고리즘은 DFS 나 BFS 로 구현할 때, 현재 정점에서 다음 정점으로 넘어가는 방식이 정해진 순서에 의존한다. 예를 들면, 현재 정점에 연결된 정점 중 번호가 가장 작은 번호를 우선으로 순차적으로 방문하는 방식이다. 아래의 그래프를 살펴보자.

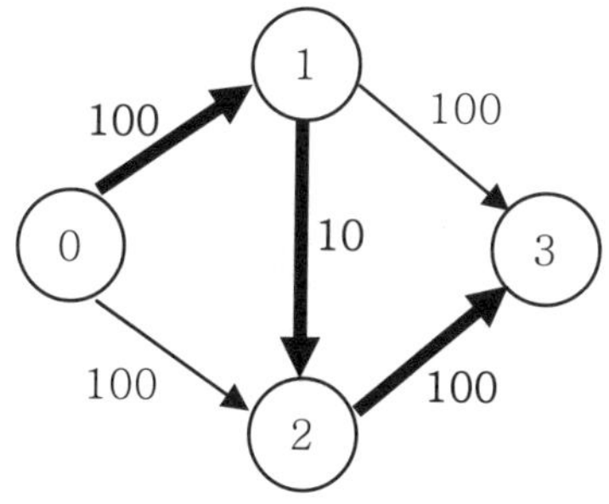

위 그래프는 RN 을 표시한 것으로, DFS 로 출발점에서 도착점에 이르는 경로는 굵은 글씨로 표시한 것과 같다. 물론, 1 번 정점에서는 연결된 두 정점 2 번과 3 번 중에 더 빠른 번호를 선택한 것이다. 현재 선택된 최소 용량을 기준으로 FN 은 다음과 같이 세팅된다.

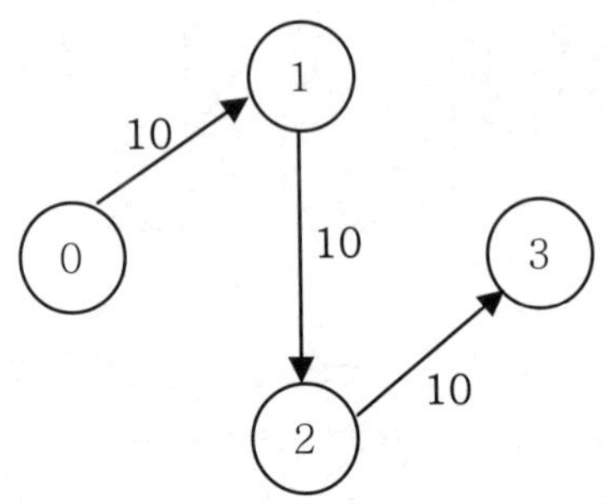

FN 을 기준으로 다시 RN 을 세팅하면 다음과 같이 구성된다.

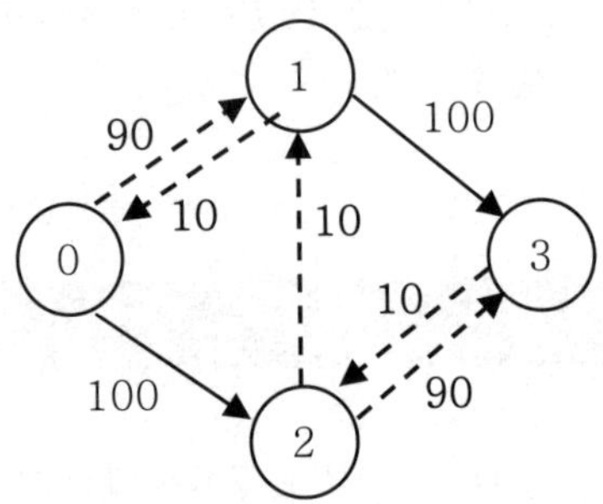

RN 을 기준으로 다시 DFS 로 경로를 찾으면, 다음과 같다.

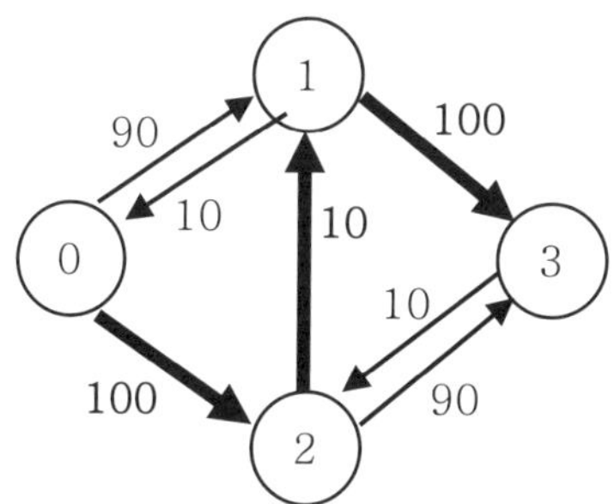

또다시 갱신하면 중간의 간선 때문에 20 번을 방문하게 된다. 이렇게 단순히 검색된 경로를 방문하지 않고, 더 큰 용량을 갖는 간선을 선택하면 이러한 문제를 해결할 수 있다. 따라서, 현재 정점에서 연결된 간선의 용량이 최대인 값에 따라 DFS 와 BFS 대신 PFS(Priority First Search)를 이용하여 경로를 찾는 것이 Edmonds-Karp 방식이다.

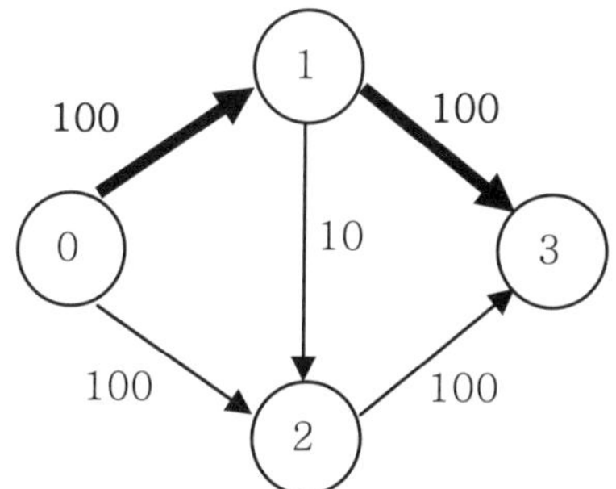

위 그래프와 같이 1 번 정점에서 더 높은 용량을 갖는 3 번 정점을 선택하게 되면 2 번만에 Max Flow 를 찾게 된다.

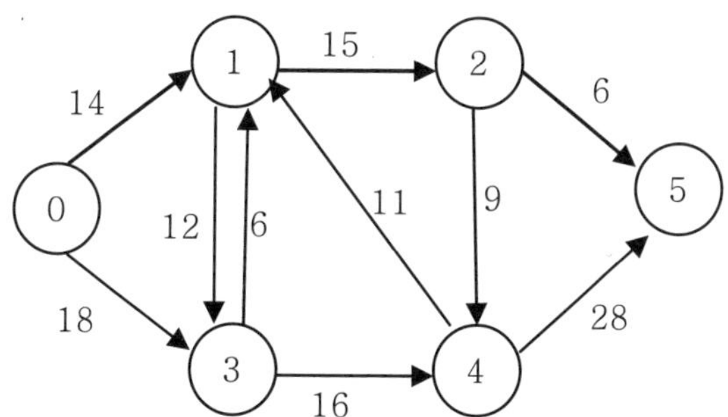

위 그래프에 대한 입력 데이터는 다음과 같다.

```
6 10
0 1 14
0 3 18
1 2 15
1 3 12
2 4 9
2 5 6
3 1 6
3 4 16
4 1 11
4 5 28
```

첫 번째 줄에는 정점의 개수, 간선의 개수가 차례대로 입력된다. 다음 줄부터 단 방향 간선 정보가 시작점, 끝점, 제한 용량, 흐름 순으로 한 줄씩 입력된다. 0 번 정점은 출발점을 나타내며, 마지막 번호인 5 번 정점은 도착점을 나타낸다. 이 그래프에 흐를 수 있는 Max Flow 를 구하는 코드는 다음과 같다.

```
#include <iostream>
#include <vector>
#include <algorithm>

using namespace std;

struct vertex {
  int weight, idx;
};

int rn[100][100];
```

```
int max_flow, n;
bool check[100];
vector<int> path;

int vertex_sort(const vertex &a, const vertex &b)
{
  return a.weight > b.weight;
}

bool PFS(int x, int local_flow)
{
  int i;
  vector<vertex> v;
  vertex vx;

  if (x == n-1) {
    // Max Flow 에 현재 경로의 최소 flow 를 더해준다.
    max_flow += local_flow;

    // RN 을 갱신한다. 실제 구현에서는 FN 을 굳지 사용할
    // 필요가 없다.
    // Max Flow 만 구한다면 경로의 현재 flow 만 더해가면 된다.
    for (i = 0; i < path.size()-1; i++) {
      rn[path[i]][path[i+1]] -= local_flow;
      rn[path[i+1]][path[i]] += local_flow;
    }

    // 경로를 초기화하고, 출발점은 미리 넣어둔다.
    path.clear();
    path.push_back(0);
```

```
  return true;
}

// 현재 정점에서 갈수 있는 다음 정점의 정보를 저장
// 물론 이미 방문했던 정점은 제외한다
for (i = 0; i < n; i++) {
  if (rn[x][i] > 0 && check[i] == false) {
    vx.idx = i;
    vx.weight = rn[x][i];
    v.push_back(vx);
  }
}

// Priority 를 위해 weight 에 따라 정렬
sort(v.begin(), v.end(), vertex_sort);

for (i = 0; i < v.size(); i++) {
  // 다음 정점으로 선택된 것 방문되지 않도록 체크
  check[v[i].idx] = true;

  // 경로에 정점 추가
  path.push_back(v[i].idx);

  // 용량이 큰 것부터 차례대로 방문된다.
  // 하나의 경로가 처리되면 다음은 방문하지 않고 true
   // 리턴하며 종료
   // 이전까지의 간선 용량중 최소로 갱신해간다.
  if (PFS(v[i].idx, min(local_flow, v[i].weight)) == true)
    return true;

  // 체크와 경로에 대해서 복원
```

```
    path.pop_back();
    check[v[i].idx] = false;
  }

  return false;
}

void MaxFlow()
{
  path.push_back(0);
  // 경로가 존재하는 동안 계속 알고리즘 수행
  while (PFS(0, 999999999)) {
    // 방문했는지를 검사하는 check 배열 초기화
    fill(check, check+n, false);
    check[0] = true;
  }
}

int main()
{
  int m, a, b, c;

  cin >> n >> m;

  while (m--) {
    cin >> a >> b >> c;
    rn[a][b] = c;
  }

  MaxFlow();
```

```
  cout << max_flow << endl;

  return 0;
}
```

출력 결과는 다음과 같다.

```
31
```

Lesson4 Biparite Matching

이분 그래프의 매칭은 Max Flow 를 구하는 또다른 응용 알고리즘이다. 이분 그래프의 한 예는 사랑의 짝대기와 같은 구조이다. 남자들 그룹에서 마음에 드는 여자들을 다른 집합인 여자들 그룹에서 선택한다. 반대로 여자들 그룹에서도 자신이 속한 집합이 아닌 남자들 그룹에서 선택한다. 따라서, 이분 그래프는 다음의 규칙을 갖는다.

1) 정점은 양분된 두 집합 중 하나에 속한다.
2) 한 집합의 정점은 자신이 속하지 않는 집합의 정점과 연결된다.

예를 들어 5:5 미팅이라고 해보자. 그래프로 표현하면 다음과 같다.

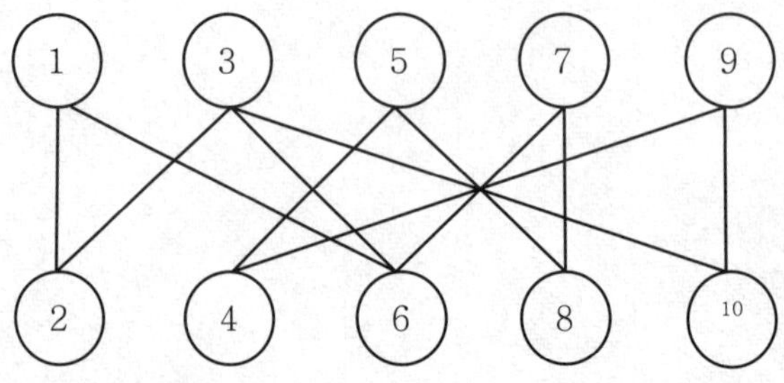

홀수들이 남자 그룹이고 짝수들이 여자 그룹이라고 하자. 가장 많은 짝을 찾아주는 Max Matching 문제로 생각해보자. 먼저 이 그래프를 Network Flow 로 처리하기 위해서 출발점과 도착점을 추가한다. 원래는 출발점이 여러 개의 출력과 연결되는 경우 출발점에서 나가는 간선과 도착점으로 들어오는 간선의 용량을 무한대로 처리한다. 그러나, 이분 그래프에서는 용량을 모두 1 로 처리한다. 간선은 단방향으로 바꾸어 준다. 이렇게 변환한 그래프가 다음과 같다.

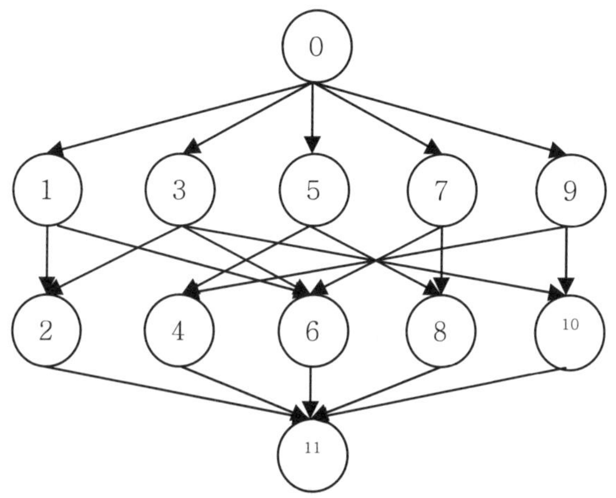

출발점과 도착점이 추가된 상태에서 각 간선의 용량은 1 을 갖는다. 이를 이용하여 Max Flow 알고리즘을 활용하여, Max Matching 을 찾아보자. 모든 용량이 1 이기 때문에 PFS 대신 DFS 를 사용해도 가능하다.

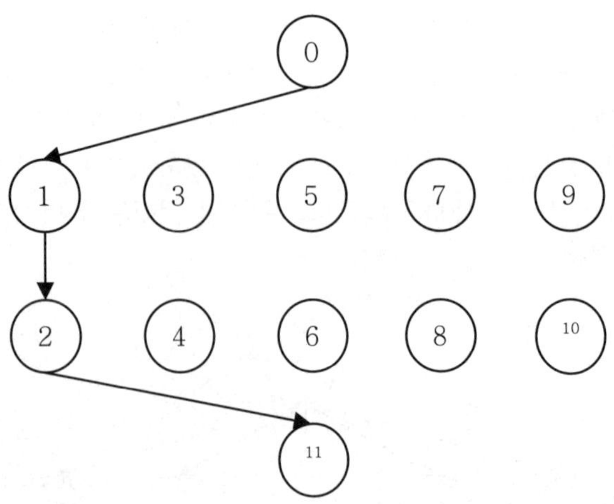

위 그래프는 처음 검색된 경로에 의해 갱신된 FN 이다. 이에 따른 RN 은 다음과 같이 갱신된다.

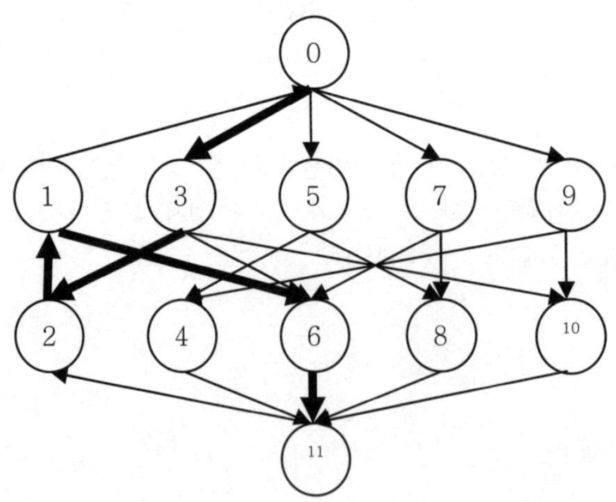

RN 을 재구성한 뒤에 다시 경로를 검색하면 굵은 선으로 표시된 경로와 같다. 주의할 점은 이미 방문한 정점이라도 다시 방문할 수 있다는 점이다. FN 은 다음과 같이 갱신된다.

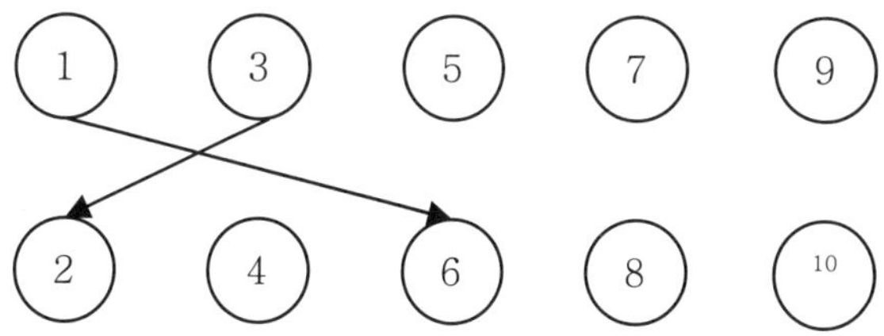

FN 그래프는 다른 선들은 무시하고, 각 남자 그룹에서 나가는 선만 표시하도록 한다. 즉, 한 그룹에서 나가는 Matching 만 고려하도록 한다. 처음 추가했었던 출발점과 도착점도 제거하였다.

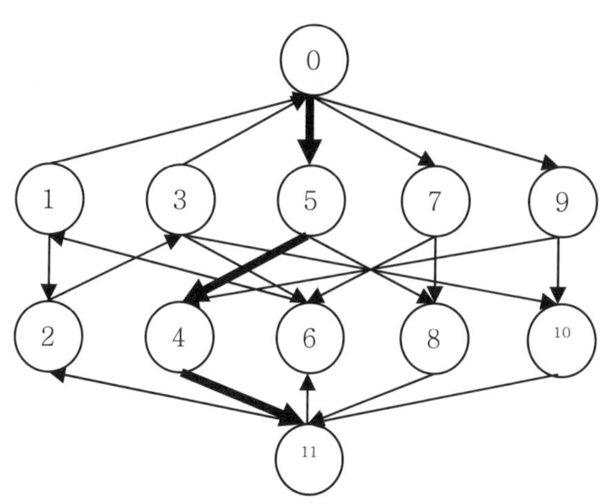

갱신된 RN 에서 다시 경로를 찾으면 위와 같다. FN 을 갱신하면 다음과 같아진다.

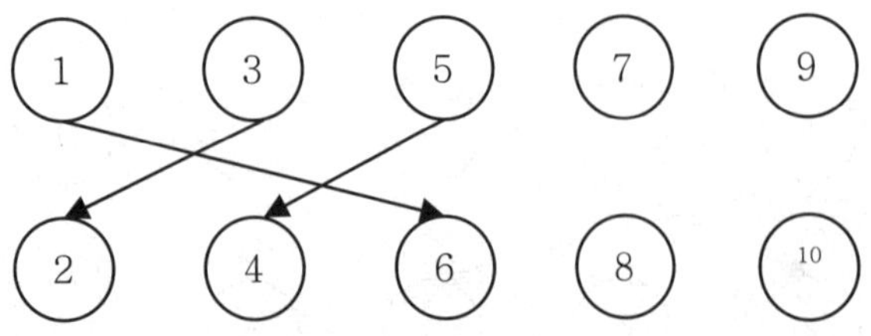

갱신되는 RN 에서 새로운 경로는 다음과 같다.

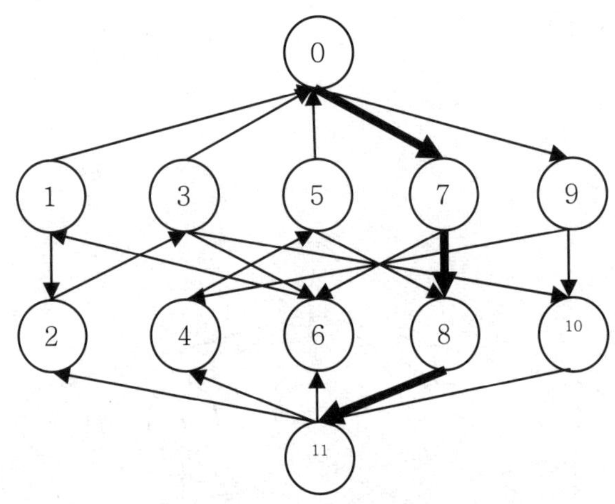

새로 구해진 경로에 따라 FN 은 다음과 같이 갱신된다.

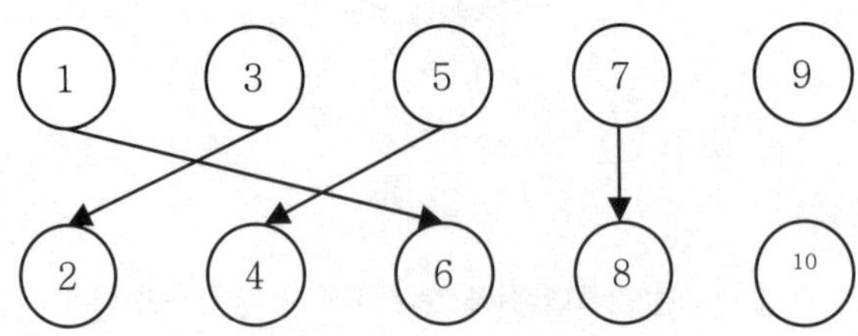

다시 갱신된 RN 에서 도착점에 도달하는 경로는 다음과 같다.

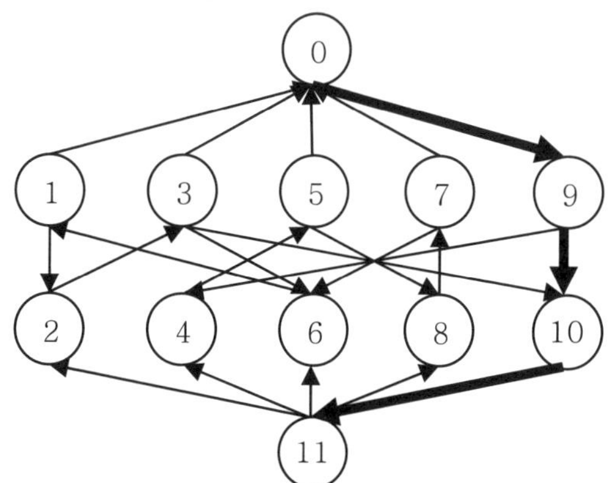

최종적으로 갱신되는 FN 은 다음과 같다.

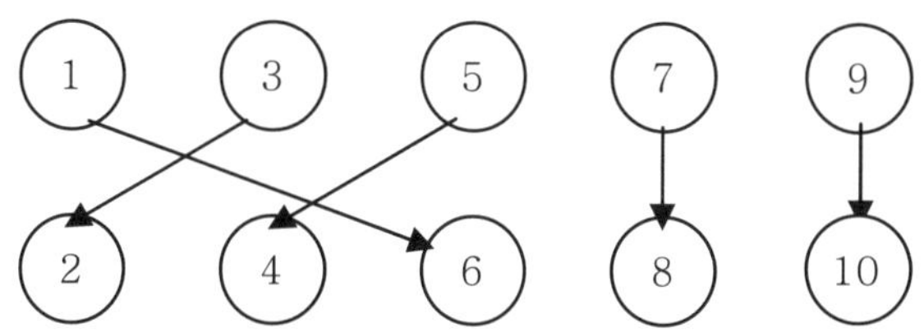

더 이상 경로가 존재하지 않거나 모든 짝이 구해지면 알고리즘이 종료된다. 제일 처음 그래프에 대해서 입력 데이터로 표현해보자.

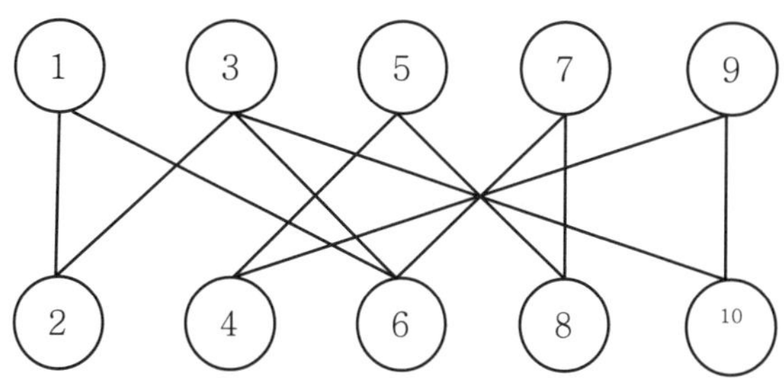

입력 데이터는 다음과 같이 주어진다.

```
5
1 3 5 7 9
5
2 4 6 8 10
11
1 2
1 6
2 3
3 6
3 10
4 5
4 9
5 8
6 7
7 8
9 10
```

첫 번째 줄에는 남자 그룹의 사람수가 입력되고, 다음 줄에는 남자 그룹에 속하는 사람 번호를 나타낸다. 세 번째 줄에는 여자 그룹의 사람수가 입력되고, 다음 줄에는 여자 그룹에 속하는 사람 번호가 입력된다. 다음 줄에는 짝을 이루는 관계의 개수가 입력된다. 다음 줄부터 짝을 이룰 수 있는 관계의 사람 번호가 한 줄씩 입력된다. Max Matching 을 구하는 코드는 다음과 같다.

```
#include <iostream>
#include <vector>
#include <algorithm>
#include <map>

using namespace std;
```

```
int rn[100][100], total;
bool check[100];
vector<int> man, woman, path;
// map 을 이용할 수 있는 것은 유일한 번호로 구성되는
// 값이기 때문이다.
map<int, int> place, fn;

bool DFS(int x)
{
  int i;

  // 도착 점에 도착하면
  if (x == total) {
    // RN 과 FN 을 갱신한다.
    for (i = 0; i < path.size()-1; i++) {
      // 남자 그룹의 원소에서 출발하는 간선만 저장한다.
      if (find(man.begin(), man.end(), path[i]) != man.end()) {
        fn[path[i]] = path[i+1];
      }
      rn[path[i]][path[i+1]] -= 1;
      rn[path[i+1]][path[i]] += 1;
    }

    // 경로를 초기화하고, 출발점은 미리 넣어둔다.
    path.clear();
    path.push_back(0);

    return true;
}

// 현재 정점에서 갈수 있는 다음 정점의 정보를 저장
```

```
// 물론 이미 방문했던 정점은 제외한다
for (i = 1; i <= total; i++) {
  if (rn[x][i] == 1 && check[i] == false) {
    // 다음 정점으로 선택된 것 방문되지 않도록 체크
    check[i] = true;

    // 경로에 정점 추가
    path.push_back(i);

    // 하나의 경로가 처리되면 다음은 방문하지 않고 true
     // 리턴하며 종료
    if (DFS(i) == true) return true;

    // 체크와 경로에 대해서 복원
    path.pop_back();
    check[i] = false;
  }
 }

 return false;
}

void BipariteMatching()
{
  path.push_back(0);
  // 경로가 존재하는 동안 계속 알고리즘 수행
  // 현재 위치에서 간선의 용량은 관계가 없으므로, DFS 로 방문한다.
  while (DFS(0)) {
    // 방문했는지를 검사하는 check 배열 초기화
    fill(check, check+total+1, false);
    check[0] = true;
```

```
  }
}

int main()
{
  int n, a, b, i;

  cin >> n;
  // 남자 그룹의 크기를 세팅
  man.reserve(n);

  while (n--) {
    cin >> a;
    // 남자 그룹에 속하는 번호는 0 으로 저장한다.
    place[a] = 0;

    // 남자 그룹 번호로 저장
    man.push_back(a);
  }

  cin >> n;
  woman.reserve(n);
  while (n--) {
    cin >> a;
    // 여자 그룹에 속하는 번호는 1 로 세팅한다.
    place[a] = 1;
    woman.push_back(a);
  }

  cin >> n;
  while (n--) {
```

```
    cin >> a >> b;

    // a 가 남자 그룹인 경우
    if (place[a] == 0) rn[a][b] = 1;
    // b 가 남자 그룹인 경우
    else rn[b][a] = 1;
  }

  // 시작 번호 0 에서 모든 남자 그룹의 번호로 연결 시킨다.
  for (i = 0; i < man.size(); i++) rn[0][man[i]] = 1;

  // 여자 그룹의 모든 번호에서 도착점으로 모두 연결시킨다.
  // 도착점은 두 그룹의 총합+1 이다.
  total = man.size()+woman.size()+1;
  for (i = 0; i < woman.size(); i++) rn[woman[i]][total] = 1;

  // 이분 매칭
  BipariteMatching();

  // 오름 차순으로 출력하기 위해서 남자 번호 정렬
  sort(man.begin(), man.end());

  // 연결된 모든 쌍을 하나씩 출력한다.
  for (i = 0; i < man.size(); i++) {
    // fn 은 남자 그룹에서 유일하게 하나의 값과 연결되므로
    // 연결된 선이 있는 경우 출력
    if (fn.find(man[i]) != fn.end()) {
      cout << man[i] << " : " << fn[man[i]] << endl;
    }
  }
```

```
  return 0;
}
```

출력 결과는 다음과 같다.

```
1 : 2
3 : 10
5 : 8
7 : 6
9 : 4
```

이제 Network Flow 에 관련된 문제를 풀어보자.

Lesson5 UVA259 소프트웨어 할당

컴퓨터 센터는 애플리케이션을 실행할 수 있는 0 ~ 9 번의 번호가 붙는 컴퓨터 10 대를 갖고 있다. 이 컴퓨터들은 멀티 태스킹이 안된다. 그래서, 각 컴퓨터는 단지 하나의 애플리케이션만 실행할 수 있다. 애플리케이션은 A 부터 Z 의 이름이 붙는 26 종류가 있다. 애플리케이션이 특정 컴퓨터에서 실행 가능한지 유무는 아래 작업 정보에서 찾아볼 수 있다.

매일 아침, 사용자들은 하루종일 사용할 애플리케이션을 가져온다. 두 명의 사용자가 같은 애플리케이션을 가져올 수도 있다. 그러한 경우에 두 개의 다른 컴퓨터들은 각 애플리케이션을 위해서 할당될 수 있다.
사무관은 애플리케이션을 수거했고, 각 애플리케이션마다 실행될 수 있는 컴퓨터의 목록을 작성했다. 그때, 사무관은 각 애플리케이션마다 하나의 컴퓨터를 배정한다. 기억해라: 컴퓨터들은 멀티 태스킹 환경이 아니다. 그래서, 각 컴퓨터는 전체적으로 최대 하나의 애플리케이션만 처리할 수 있다. 애플리케이션이 완료되는데는 하루가

걸린다. 그래서, 한 컴퓨터에서 한 애플리케이션 다음에 다른 애플리케이션을 사용해야 하는 순서적인 처리가 불가능하다.

작업 정보는 다음과 같이 구성된다.

1. 애플리케이션을 나타내는 A ~ Z 대문자 하나
2. 애플리케이션을 가져오는 사용자의 수를 나타내는 1 ~ 9 의 숫자 하나
3. 공백 하나
4. 애플리케이션이 실행될 수 있는 컴퓨터를 나타내는 0 ~ 9 의 서로 다른 하나 이상의 숫자들
5. 종료 문자 ';'
6. EOF

입력

각 날짜마다 빈 줄로만 구분되는 하나 이상의 작업 정보를 포함한다. 입력은 EOF 로 종료된다. 각 날짜마다, 애플리케이션을 컴퓨터에 할당하는 것이 가능한지를 알아내야 하고, 할당 가능하면 가능한 할당 방식을 출력해야 한다.

출력

각 날짜마다 다음 중 하나로 결과를 출력해야 한다.
할당이 가능한 경우 0 ~ 9 번 컴퓨터 각각에 할당된 애플리케이션을 출력한다. 'A' ~ 'Z' 와 '_' 로 구성된 10 개의 문자. '_' 문자는 해당 컴퓨터에 할당된 애플리케이션이 없음을 나타낸다.
할당이 불가능한 경우 '!' 를 출력한다.

입력 예제

```
A4 01234;
Q1 5;
P4 56789;

A4 01234;
Q1 5;
P5 56789;
```

출력 예제

```
AAAA_QPPPP
!
```

 **풀이**

이분 매칭을 응용하는 문제이다. 효율적으로 처리하기 위해서, 애플리케이션에서 컴퓨터로 연결되는 간선 정보와 컴퓨터에서 애플리케이션으로 연결되는 간선 정보를 분리하여 저장하도록 한다.

이 문제는 26 개의 애플리케이션으로 출발점이 여러 개이다. 따라서, 하나의 출발점을 추가하여 이들 출발점으로 연결하여 처리할 필요가 있다. 풀이는 Biparite Matching 의 알고리즘 그대로 구성되어 있다. 코드는 다음과 같다.

```
#include <iostream>
#include <vector>
#include <algorithm>
#include <string>
#include <sstream>
#include <map>

using namespace std;

// 윗 그룹을 애플리케이션, 아랫 그룹을 컴퓨터로 잡았을 때.
// 애플리케이션에서 컴으로 연결되는 정보는 rnu(up) 에
// 컴에서 애플리케이션으로 연결되는 정보는 rnb(bottom) 에
// 저장한다.
bool rnu[27][10], rnb[10][27], checku[27], checkb[10];
int total, ap[10], no[27];
vector<int> path;

// 두번째 인자로 위에서 나가는 선인지를 검사한다.
bool DFS(int x, bool from_up)
{
  int i;
```

```
// 도착 점에 도착하면
if (x == 0 && from_up == true) {
  // 1~26 은 애플리케이션의 번호이고, 0 번은 도착점의
   // 번호를 나타낸다.
  // RN 과 FN 을 갱신한다.
  for (i = 0; i < path.size()-1; i++) {
    // 애플리케이션에서 컴퓨터로 연결되는 간선 정보
    if (i % 2 == 0) {
      // 연결되는 컴에 애플리케이션을 세팅한다.
      ap[path[i+1]] = path[i];

      rnu[path[i]][path[i+1]] = false;
      rnb[path[i+1]][path[i]] = true;

      // 할당한 애플리케이션의 개수를 줄여준다.
      total--;
      no[path[i]]--;
    }
    // 컴퓨터에서 애플리케이션으로 연결되는 간선 정보
    else {
      rnb[path[i]][path[i+1]] = false;
      rnu[path[i+1]][path[i]] = true;

      // 할당해야할 애플리케이션의 개수를 늘려준다.
      // 도착점으로 가는지를 검사해야 한다.
      if (path[i+1] > 0) {
        total++;
        no[path[i+1]]++;
      }
    }
```

```
    }

    // 경로를 초기화한다.
    path.clear();

    fill(checku, checku+27, false);
    fill(checkb, checkb+10, false);

    return true;
  }

  // 출발점인 경우, 무한대로 나가는 정보이기 때문에 모든 정점을
  // 검사한다.
  if (x == -1) {
    for (i = 1; i < 27; i++) {
      // 할당할 애플리케이션이 있는 경우
      if (no[i] > 0) {
        path.push_back(i);
        if (DFS(i, true) == true) return true;
        path.pop_back();
      }
    }

    return false;
  }

  // 출발점이 아닌 경우
  // 애플리케이션에서 컴퓨터로 가는 경우
  if (from_up == true) {
    // 컴퓨터 대수 만큼 처리
    for (i = 0; i < 10; i++) {
```

```
      if (rnu[x][i] == true && checkb[i] == false) {
        // 다음 정점으로 선택된 것 방문되지 않도록 체크
        checkb[i] = true;

        // 경로에 정점 추가
        path.push_back(i);

        // 하나의 경로가 처리되면 다음은 방문하지 않고
         // true 리턴하며 종료
        if (DFS(i, false) == true) return true;

        // 체크와 경로에 대해서 복원
        path.pop_back();
        checkb[i] = false;
      }
    }
  }
  // 컴퓨터에서 애플리케이션으로 가는 경우
  else {
    // 애플리케이션 대수 만큼 처리
    for (i = 1; i <= 27; i++) {
      // 도착점을 제일 마지막에 방문하도록 처리
      if (i == 27) i = 0;

      if (rnb[x][i] == true && checku[i] == false) {
        // 다음 정점으로 선택된 것 방문되지 않도록 체크
        checku[i] = true;

        // 경로에 정점 추가
        path.push_back(i);
```

```
            // 하나의 경로가 처리되면 다음은 방문하지 않고
             // true 리턴하며 종료
            if (DFS(i, true) == true) return true;

            // 체크와 경로에 대해서 복원
            path.pop_back();
            checku[i] = false;
          }

          // 도착점 정보 복원
          if (i == 0) i = 27;
        }
      }

    return false;
  }

  void BipariteMatching()
  {
    // 경로가 존재하는 동안 계속 알고리즘 수행
    // 현재 위치에서 간선의 용량은 관계가 없으므로, DFS 로 방문한다.
    while (DFS(-1, false));
  }

  int main()
  {
    int i, n, a;
    string str, tmp;

    while (!cin.eof()) {
      // 사용할 변수 초기화
```

```
total = 0;
fill(checku, checku+27, false);
fill(checkb, checkb+10, false);
fill(ap, ap+10, -1);
fill(no, no+27, 0);
for (i = 0; i < 27; i++) fill(rnu[i], rnu[i]+10, false);
for (i = 0; i < 10; i++) fill(rnb[i], rnb[i]+27, false);

while(1) {
  getline(cin, str);
  if (str.length() < 3) break;
  istringstream in(str);

  // 앞부분 분리하여 처리
  in >> tmp;
  a = tmp[0]-'A'+1;
  if (tmp.length() == 3) n = 10;
  else n = tmp[1]-'0';
  no[a] = n;

  // 전체 애플리케이션의 개수
  total += n;

  // 뒷부분 처리
  in >> tmp;
  for (i = 0; i < tmp.length()-1; i++) {
    rnu[a][tmp[i]-'0'] = true;

    // 컴퓨터에서 마지막 도착점으로 가는 것을 표시
    // 애플리케이션은 1 ~ 26 번을 사용하므로,
    // 도착점을 0 번으로 사용한다.
```

```
        rnb[tmp[i]-'0'][0] = true;
      }
    }

    // 이분 매칭
    BipariteMatching();

    // 모든 값이 다 처리되지 못한 경우
    if (total > 0) cout << "!" << endl;
    else {
      for (i = 0; i < 10; i++) {
        // 연결되지 않는 경우, '_' 출력하고, 그렇지 않은 경우
        // 애플리케이션명 출력
        if (ap[i] == -1) cout << "_";
        else cout << char(ap[i]+'A'-1);
      }
      cout << endl;
    }
  }

  return 0;
}
```

Lesson6 UVA820 인터넷 대역폭

인터넷에서, 컴퓨터들(또는 노드들)은 완전하게 내부 연결되어 있으며, 주어진 한 쌍의 노드 사이에는 여러 경로가 존재할 수 있다. 주어진 두 노드 사이에 메시지 총 허용 능력(대역폭)은 한 노드에서 다른 노드로 전송될 수 있는 최대 시간당 데이터 량이다.

패킷 스위칭 이라는 기법을 사용하면, 데이터는 동일한 시간대에 여러 경로를 따라 전송될 수 있다.
예를 들어, 다음 그림은 원으로 표시된 4 개의 노드를 갖는 네트워을 보여준다. 이들 사이에 연결은 다섯 개이다. 모든 연결은 1 분당 데이터 전송량으로 표현되는 대역폭이 할당된다.

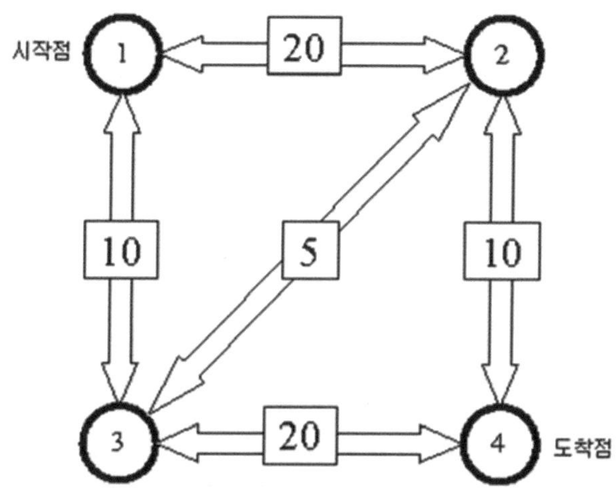

예제에서, 노드 1 과 노드 4 사이의 대역폭은 경로 1-2-4 에서 10, 경로 1-3-4 에서 10, 경로 1-2-3-4 에서 5 로 총 대역 합계로서 25 가 된다. 노드 1 과 4 사이에서 대역폭을 얻을 수 있는 경로는 더 이상 존재하지 않는다.
네트워 상의 모든 접속에 대한 개별 대역폭이 주어지면, 주어진 두 노드 사이의 대역폭을 계산하는 프로그램을 계산하여라. 실제에서는 업과 다운량이 다를 수 있지만, 이 문제에서는 연결 대역폭은 두 방향 다 동일하다.

입력

입력은 여러 네트워 데이터로 구성된다. 각 네트워 데이터는 노드 수를 나타내는 2 ~ 100 사이의 단일 정수 n 으로 시작된다. 노드는 1 ~ n 사이의 번호가 붙는다. 다음 줄에는 세가지 정수 s, t, c 가 입력된다. s 와 t 는 출발 노드와 도착 노드를 나타내고, c 는 네트워의 총 연결 수를 나타낸다. 다음 c 개 줄에 연결 정보가 입력된다. 각 연결

정보는 3 개의 정보로 구성된다. 처음 두 개의 숫자는 연결된 노드의 번호이고, 세 번째 숫자는 연결 대역폭이다. 대역폭은 1,000 이하의 음이 아닌 숫자로 구성된다.

한 쌍의 노드 사이에는 연결이 하나 이상이다. 그러나, 한 노드가 자신으로 연결될 수는 없다. 모든 연결은 쌍방향이다. 예를 들어 데이터는 연결을 따라 쌍방향으로 전송될 수 있다. 그러나, 두 방향으로 전송되는 데이터의 총 합계는 대역폭보다 작아야 한다.

노드의 개수가 0 으로 입력되면, 입력이 끝난다.

출력

각 네트워 데이터에 대해서 네트워의 번호를 먼저 출력하여라. 그 다음에는 출발 노드 s 와 도착 노드 t 사이의 총 대역폭을 아래 출력 예제와 같은 형식으로 출력하여라. 각 결과 다음에는 빈 줄을 하나씩 출력하여라.

입력 예제

```
4
1 4 5
1 2 20
1 3 10
2 3 5
2 4 10
3 4 20
0
```

출력 예제

```
Network 1
The bandwidth is 25.
```

메모장

 **풀이**

Max Flow 알고리즘으로 출발점에서 도착점으로 오는 최소 대역폭을 구해서 Nerwork Flow 를 차례대로 수행하면서 대역폭의 합계를 구하면 된다. 코드는 다음과 같다.

```
#include <iostream>
#include <deque>
#include <algorithm>

using namespace std;

int cap[100][100], f[100][100], path[100];
int s, t, n, total;

bool BFS()
{
  int x, i, min_flow;
  deque<int> q;

  // 시작점을 큐에 넣는다.
  q.push_back(s);

  // 큐에 데이터가 남아 있고 아직 도착점에 도달하지 못한 경우
  // 차례대로 방문
  while (!q.empty() && path[t] == -1) {
    // 큐에서 첫 데이터 빼낸다.
    x = q.front();
    q.pop_front();

    for(i = 0; i < n; i++) {
      // 아직 방문하지 않은 정점이고, 남은 대역폭이 있는 경우
```

```
        if (path[i] == -1 && f[x][i] - f[i][x] < cap[x][i]) {
          // 현재 x 정점이 i 정점의 이전 경로로 저장된다.
          path[i] = x;
          q.push_back(i);
        }
      }
    }

    // 도착점에 도달하지 못하는 경우
    if (path[t] == -1) return false;

    // 경로상의 대역폭 중 최소 대역폭을 구한다.
    min_flow = cap[path[t]][t] - f[path[t]][t] + f[t][path[t]];
    x = path[t];
    i = path[x];
    while (i >= 0) {
      min_flow = min(min_flow, cap[i][x] - f[i][x] + f[x][i]);
      x = i;
      i = path[x];
    }

    // 경로를 돌며 최소 대역폭을 흐름량에 더해서 갱신해준다.
    x = t;
    i = path[x];
    while (i >= 0) {
      f[i][x] += min_flow;
      x = i;
      i = path[x];
    }

    // 대역폭 합계에 더해준다.
```

```
    total += min_flow;

    // 출발점에서 도착점에 도달하는 경로가 있는 경우
    return true;
}

void MaxFlow()
{
    // BFS 를 이용하여 출발점에서 도착점에 도달하는 경로를 찾는다.
    do {
        fill(path, path+n, -1);
        path[s] = -2;
    } while(BFS());
}

int main()
{
    int cases = 0;
    int c, a, b, x, i;

    while (cin >> n) {
        if (!n) break;

        for (i = 0; i < n; i++) {
            fill(cap[i], cap[i]+n, 0);
            fill(f[i], f[i]+n, 0);
        }

        cin >> s >> t >> c;
        --s;
        --t;
```

```
    while(c--) {
      cin >> a >> b >> x;
      cap[a-1][b-1] += x;
      cap[b-1][a-1] += x;
    }

    cout << "Network " << ++cases << endl;
    total = 0;
    MaxFlow();
    cout << "The bandwidth is " << total << "." << endl << endl;
  }
}
```

CC

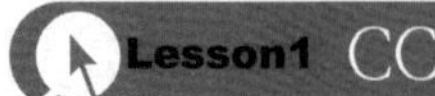

Lesson1 CC

CC(Coin Change : 동전 교환)는 기본적인 동적 알고리즘을 사용하는 문제부터, 이를 응용한 여러 문제들이 빈번하게 출제된다. 이번 장에서는 기본적인 동적 알고리즘을 알아보자. 사용할 수 있는 모든 동전을 사용하여 해당 금액을 구성할 수 있는 총 가지수를 구해보자.

이 문제의 입력 데이터는 다음과 같다.

```
4
1 2 5 10
20
```

첫 번째 줄에는 사용할 수 있는 동전의 종류의 개수이며, 다음 줄에는 동전의 금액이 입력된다. 이 동전들은 무한대로 사용할 수 있다. 세 번째 줄에는 구해야할 해당 금액이 입력된다.

먼저 구해야할 금액만큼의 배열을 세팅하고, 0 원을 구하는 개수를 1로 초기화해준다. 모든 동전을 사용하여 0 원을 구성하는 방법은 모든 동전을 0 개 사용하는 1 가지 뿐이다.

0	1	2	3	4	5	6	7	8	9	10	11	12	13	14	15	16	17	18	19	20
1	0	0	0	0	0	0	0	0	0	0	0	0	0	0	0	0	0	0	0	0

0 원을 제외한 나머지 금액의 가지수는 모두 0 으로 초기화해준다. 가장 큰 금액부터 작은 금액까지 차례대로 처리하도록 한다. 이 문제는 작은 금액부터 해도 중복되지

않지만, 여러 동전 문제를 풀다보면 이전 알고리즘과 혼동할 수 있으므로 모든 알고리즘에서 큰 동전부터 처리하도록 하자.

이제 어떤 종류의 동전을 사용하여 해당 금액을 구성하는 방법을 살펴보자. 예를 들어, 3 원은 1 원을 뺀 2 원을 구하는 모든 가지수에 1 원만 추가하면 되므로 2 원의 모든 개수를 3 원의 개수에 더해준다. 이것은 집합에서 원리를 발견할 수 있다. 집합 S 가 {1, 2, 3} 으로 구성되어 있을 때, 1 을 반드시 포함하는 부분 집합을 구해보자.

{}, {2}, {3}, {2, 3}

위와 같이 원소 1 을 뺀 모든 부분 집합이 위와 같다. 여기에 1 을 모두 포함시키면 다음과 같다.

{1}, {1, 2}, {1, 3}, {1, 2, 3}

즉, 반드시 포함되어야 하는 원소를 제외한 모든 원소로 구성하는 총 가지수와 같다. 3 원에 1 원이 포함되는 모든 가지수는 1 원을 뺀 나머지 동전으로 구성할 수 있는 가지수로 구할 수 있다.

{1, 1}, {2}

는 2 원을 구성하는 모든 방법이다. 여기에 1 원을 추가시키면, 1 원이 반드시 포함되는 가지수가 된다.

{1, 1, 1}, {2, 1}

와 같다. 따라서, 해당 금액을 뺀 가지수가 현재 가지수에 더해진다. 우선 10 원부터 처리해보자. 10 보다 작은 9 원 이전의 금액은 10 원으로 절대로 구성할 수 없으므로, 10 원부터 구하고자하는 금액까지 반복하면서 구한다. 가장 큰 동전인 10 원을 사용하여 10 원부터 20 원까지 갱신하면 다음과 같다.

										1	1	1	1	1	1	1	1	1	1	2

0	1	2	3	4	5	6	7	8	9	0	1	2	3	4	5	6	7	8	9	0
1	0	0	0	0	0	0	0	0	0	**1**	0	0	0	0	0	0	0	0	0	**1**

즉, 11 원 ~ 19 원은 10 원을 뺀 곳의 가지수가 모두 0 이므로 변동이 없다. 이제, 5 원에 대해서 적용하면 다음과 같다.

0	1	2	3	4	5	6	7	8	9	10	11	12	13	14	15	16	17	18	19	20
1	0	0	0	0	**1**	0	0	0	0	**2**	0	0	0	0	**2**	0	0	0	0	**3**

현재 5 원과 10 원을 사용해서 20 원을 구하는 가지수가 3 가지다. 즉, 구성하는 방법은 다음과 같다.

{5, 5, 5, 5}, {5, 5, 10}, {10, 10}

이제 2 원을 적용해보면 다음과 같다.

0	1	2	3	4	5	6	7	8	9	10	11	12	13	14	15	16	17	18	19	20
1	0	**1**	0	**1**	1	**1**	**1**	**1**	**1**	**3**	**1**	**3**	**1**	**3**	**3**	**3**	**3**	**3**	**3**	**6**

마지막으로 1 원을 적용하면 최종적으로 다음과 같이 구해진다.

0	1	2	3	4	5	6	7	8	9	10	11	12	13	14	15	16	17	18	19	20
1	1	2	2	3	4	5	6	7	8	11	12	15	16	19	22	25	28	31	34	**40**

위 결과에서 20 원을 구하는 총 가지수는 마지막에 저장된 40 가지다. i 번째 금액을 구하는 가지수는 계차식으로 하면 다음과 같다.

D[i] += D[i-coin[j]];

즉, i 번째 금액을 구하는 가지수는, j 번째 종류의 동전을 뺀 총 가지수가 더해진다. 이전의 입력 데이터에 대한 CC 코드는 다음과 같다.

```
#include <iostream>

using namespace std;

int cn, money;
int coin[10], d[10000];

void CC()
{
  int i, j;

  // 0 원을 구성할 수 있는 가지수
  d[0] = 1;

  // 동전 종류만큼 반복
  for (i = cn-1; i >= 0; i--) {
    // 해당 동전 종류의 금액 부터 구하고자 하는 금액까지
    for (j = coin[i]; j <= money; j++) {
      // j 번째 금액은 coin[i] 동전을 뺀 가지수를 더해준다.
      d[j] += d[j-coin[i]];
    }
  }

  // 구하고자 하는 금액의 총 가지수
  cout << d[money] << endl;
}

int main()
```

```
{
  int i;

  // 데이터 입력
  cin >> cn;
  for (i = 0; i < cn; i++) cin >> coin[i];
  cin >> money;

  // CC 호출
  CC();

  return 0;
}
```

실행결과는 다음과 같다.

```
40
```

이제, CC 에 관련된 문제를 풀어보자.

 Lesson2 UVA147 달러

뉴질랜드 돈은 $100, $50, $20, $10, $5 지폐와 $2, $1, 50c, 20c, 10c, 5c 동전으로 구성된다. 주어진 금액에 대해 해당하는 금액을 구성하는 방법이 몇 개인지를 결정하는 프로그램을 작성하여라. 동전의 순서를 바꾸는 방법은 금액을 구성하는 방법에 포함시키지 않는다. 다른 종류의 동전이 다른 개수 일 때만 하나의 방법으로 허용된다. 예를 들어 20 센트는 1×20c, 2×10c, 10c+2×5c, 4×5c 의 4 가지 방법으로 구성할 수 있다.

 입력

$300.00 이하의 금액이 한 줄에 하나씩 여러 개로 입력된다. 금액은 유효한 범위 내에서 5c 의 배수로 구성될 것이다. 파일은 0.00 의 값으로 종료된다.

 출력

출력은 입력된 각 금액에 대해서 한 줄씩 결과를 출력한다. 각 줄에는 먼저 문자 폭 6 개의 오른쪽 정렬로 입력된 금액을 출력하고, 문자폭 17 개의 오른쪽 정렬로 구성 가능한 개수를 출력하여라.

 입력 예제

```
0.20
2.00
0.00
```

출력 예제

```
0.20    4
2.00    293
```

메모장

 **풀이**

이 문제는 기본 CC 코드를 활용해서도 풀어지는 아주 기본적인 문제라고 할 수 있다. 코드는 다음과 같다.

```
#include <iomanip>
#include <iostream>

using namespace std;

// 큰 금액부터 작은 금액으로 초기화
int coin[11] = {2000, 1000, 400, 200, 100, 40, 20, 10, 4, 2, 1};
// 최대 금액까지 구한다. 가지수가 int 범위를 넘어가므로
// long long int 로 처리해야 한다.
long long int d[6001];

void CC()
{
  int i, j;

  // 0 원을 구하는 가지수는 1 가지
  d[0] = 1;

  // CC 를 전체 금액에 대하여 모두 구한다.
  for(i = 0; i <= 10; i++) {
    for(j = coin[i]; j <= 6000; j++) d[j] += d[j-coin[i]];
  }
}

int main()
{
```

```
double n;
int k;

// CC 는 한번만 호출
CC();

while (cin >> n) {
  // 각 금액에 대해서 구해진 가지수를 바로 출력한다.
  k = int(n*20+0.5);
  if (k == 0) break;
  cout << fixed << setprecision(2) << setw(6) << n;
   cout << setw(17) << d[k] << endl;
}

return 0;
}
```

Lesson3 UVA242 우표와 봉투 크기

우표 수집가들은 오랫동안 우표를 수집해오고 있다. 부착되는 우표가 많으면 우체국에게는 안좋지만, 부착된 우표들을 모을 수 있는 사람들에게는 좋은 일이다. 우체국은 우편 요금에 맞는 필요한 우표의 수를 최소화 하기 위해 일한다. 당신은 이러한 목적을 위해서 우체국을 보조하는 프로그램을 작성하도록 요청되었다.

봉투 크기에 따라 봉투에 사용될 수 있는 우표의 개수는 제한된다. 예를 들어, 1 센트와 3 센트 우표가 사용 가능할 때, 한 봉투는 5 장의 우표를 수용할 수 있다고 하자. 그러면, 모든 우편 요금은 1 ~ 13 센트까지 사용될 수 있다.

우편요금	1 센트 우표	3 센트 우표
1	1	0
2	2	0
3	0	1
4	1	1
5	2	1
6	0	2
7	1	2
8	2	2
9	0	3
10	1	3
11	2	3
12	0	4
13	1	4

3 센트 우표 다섯 장으로 15 센트의 우편 요금을 만들어 낼 수 있지만, 1 센트와 3 센트 우표를 최대 다섯 장을 사용하여 14 센트의 요금을 만족할 수가 없다. 우편 요금은 중간에 빈 요금없이 최대한 많은 요금 체계를 원한다. 그래서, 최대 요금 한계는 13 센트가 된다.

입력

각 테스트 데이터의 첫 번째 줄은 봉투 하나가 수용할 수 있는 최대 우표 개수를 표현하는 정수 S 가 입력된다. 두 번째 줄에는 테스트 데이터에서 입력될 우표 세트의 개수를 나타내는 정수 N 이 입력된다. 다음 N 개 줄에는 각 줄마다 한 세트의 우표 종류가 입력된다. 각 줄의 첫 번째 정수는 세트에 포함되는 우표 종류의 개수를 나타낸다. 그 다음부터는 하나 이상의 공백으로 구분된 우표 종류들이 가장 작은 것부터 가장 큰 것까지 순서대로 입력된다. N 개의 각 줄에는 최대 S 개의 종류가 있을 수 있다. S 의 최대 값은 10 이고, 우표 종류는 최대 100 개까지 입력될 수 있다. N 의 최대값은 10 이다.

테스트 데이터의 첫 번째 줄에 S 값으로 0 이 입력되면, 입력이 끝난다.

출력

각 테스트 데이터마다 아래 형식으로 출력하고, 빈 요금 없는 최대 요금 체계와 그때의 우표 종류들을 한 줄로 출력해야 한다.

max coverage = :

한 세트에 최대 요금 체계가 같은 우표 종류가 여러개 존재한다면, 종류의 개수가 가장 적은 세트가 출력되어야 한다. 최대 요금 체계가 같고, 종류의 개수까지 같다면, 가장 큰 우표가 더 적은 결과를 출력해야 한다. 예를 들어, 봉투에 맞는 우표가 5 개고, 빈 요금 없이 71 센트까지 같은 첫 번째 세트 1, 4, 12, 21 과 두 번째 세트 1, 5, 12, 28 이 있다고 해보자. 두 세트는 우표 종류의 개수도 같지만, 첫 번째 세트는 가장 큰 우표의 값이 21 로 두 번째 세트의 가장 큰 우표 28 보다 적기 때문에 첫 번째 세트가 출력되어야 한다. 최대 요금 체계도 같고, 우표 종류도 같고, 가장 큰 우표의 값도 같은 경우는 그들 중 어떤 것을 출력해도 정답으로 처리된다.

입력 예제

```
5
2
4 1 4 12 21
4 1 5 12 28
10
2
5 1 7 16 31 88
5 1 15 52 67 99
6
2
3 1 5 8
```

```
4 1 5 7 8
0
```

출력 예제

```
max coverage =  71 :  1  4 12 21
max coverage = 409 :  1  7 16 31 88
max coverage =  48 :  1  5  7  8
```

메모장

풀이

이 문제는 한 테스트 데이터에 동전의 구성이 여러가지인 동전 세트가 입력된다. 각 동전 세트를 사용하여 최대 동전 개수로 연속으로 교환해 줄 수 있는 최대 크기의 세트를 구해야 한다.

CC 와 같은 알고리즘을 사용하지만 약간의 응용이 필요하다. CC 에서는 각 동전을 먼저 돌지만, 이 문제는 해당 금액을 먼저 돌며 내부에서 각 동전 순서로 반복문을 구성하게 된다.

현재 가능한 위치에서 최대 동전 개수를 넘지 않는 경우, 각 동전의 금액을 더해서 그 위치를 사용할 수 있는 것으로 세팅해나가는 것이다. 1씩 증가하면서 연속으로 구성될 수 있는 최대 값을 구하는 것이다. 예를 들어 {1, 5, 8} 원의 동전을 사용하여 연속된 최대 값을 구해보자.

0	1	2	3	4	5	6	7	8	9	10	11	12	13	14	15	16	17	18	19	20
1	0	0	0	0	0	0	0	0	0	0	0	0	0	0	0	0	0	0	0	0
0	0	0	0	0	0	0	0	0	0	0	0	0	0	0	0	0	0	0	0	0

초기에 위와 같이 세팅된 상태에서 시작한다. 위 배열에서 두 번째 행은 사용할 수 있는지 유무를 나타내고, 세 번째 행은 사용한 동전의 개수가 된다. 처음 방문하는 0 원에서 1, 5, 8 원에 해당하는 위치를 1로 세팅해주고 사용한 동전 개수를 1씩 증가시킨다.

0	1	2	3	4	5	6	7	8	9	10	11	12	13	14	15	16	17	18	19	20
1	1	0	0	0	1	0	0	1	0	0	0	0	0	0	0	0	0	0	0	0
0	1	0	0	0	1	0	0	1	0	0	0	0	0	0	0	0	0	0	0	0

이제 1 증가하여 0 에서 1 원을 방문하도록 한다. 연속으로 채워져 있으므로, 다시 1원에서 1, 5, 8 원을 더한 곳을 세팅한다.

0	1	2	3	4	5	6	7	8	9	10	11	12	13	14	15	16	17	18	19	20
1	1	1	0	0	1	1	0	1	1	0	0	0	0	0	0	0	0	0	0	0
0	1	2	0	0	1	2	0	1	2	0	0	0	0	0	0	0	0	0	0	0

다시 1 을 증가하여, 2 원에서 1, 5, 8 원을 더한 곳을 세팅한다.

0	1	2	3	4	5	6	7	8	9	10	11	12	13	14	15	16	17	18	19	20
1	1	1	1	0	1	1	1	1	1	1	0	0	0	0	0	0	0	0	0	0
0	1	2	3	0	1	2	3	1	2	3	0	0	0	0	0	0	0	0	0	0

다시 한번만 더 갱신해보자.

0	1	2	3	4	5	6	7	8	9	10	11	12	13	14	15	16	17	18	19	20
1	1	1	1	1	1	1	1	1	1	1	1	0	0	0	0	0	0	0	0	0
0	1	2	3	4	1	2	3	1	2	3	4	0	0	0	0	0	0	0	0	0

3 원에서 5 원을 더한 곳은 이미 세팅이 되어 있으며, 이전에 세팅할 때 동전의 개수를 1 개 사용하여 저장된 곳이다. 지금 더해서 저장하면 동전의 개수가 4 로 늘어난다. 따라서, 개수가 더 늘어나는 경우는 갱신하지 않도록 한다. 또한, 늘어나는 동전의 개수가 주어진 최대 개수를 넘어가는 경우도 갱신하지 않는다.

이와 같은 방식대로, 1 씩 증가해서 현재 1 로 세팅되어 있으면 집합에 속하는 동전 금액만큼 더해진 곳을 세팅해가는 것이다. 연속으로 1 이 이어지다가 0 이 나오면, 가장 마지막에 세팅된 금액이 연속으로 세팅할 수 있는 최대 금액이 된다.

만일 최대 금액이 같을 경우, 문제에서 주어진 대로 동전 종류가 더 적은 세트를 선택해야 한다. 만일, 종류의 개수도 같다면 마지막 금액이 더 적은 세트가 선택되어야 한다. 여러 세트 중에서 최대 값을 구하는 것이므로 효율적인 코딩이 필요하다. 코드는 다음과 같다.

```
#include <iostream>
#include <iomanip>
#include <algorithm>

using namespace std;

int main()
{
  int i, j, k, max = -1, maxnum, maxmoney[100];
  int n, m, cnt[100000], num, last, money[100];
  bool en[100000], change;

  while (cin >> n) {
    if (!n) break;

    // 세트 개수
    cin >> m;
    for (k = 0; k < m; k++) {
      cin >> num;
      for (i = 0; i < num; i++) cin >> money[i];

      // 최대 금액을 구한 뒤에 초기화한다.
      i = money[num-1]*n;
      fill(en, en+i+2, false);
      fill(cnt, cnt+i+2, 0);

      // 각 세트별로 0 원을 구성 가능한 것으로 세팅
      en[0] = true;
```

```
i = 0;
while (1) {
  // 0 이 나오면 그 이전에 0 이 아닌 마지막 위치를 구해준다.
  if (!en[i]) {
    last = i-1;
    break;
  }
  else           {
    // 현재 위치의 동전 사용 개수가 제한된 개수보다
      // 작은 경우 또다시 하나의 동전을 사용할 수 있다.
    if (cnt[i] < n)          {
      // CC 처럼 동전을 차례대로 하나씩 사용한다.
      for (j = 0; j < num; j++)        {
        // 현재 위치에서 금액을 더한 곳이 한번도 세팅이
          // 안된 경우
        if (en[i+money[j]] == false) {
          en[i+money[j]] = 1;

          // 사용회수는 현재 회수에다가 1 을 더해준다.
          cnt[i+money[j]] = cnt[i]+1;
        }
        // 한번 이상 사용된 경우 현재 사용되는 회수가 더
          // 적은 경우 그 값을 저장해준다.
        else if (cnt[i+money[j]] > cnt[i]+1)
            cnt[i+money[j]] = cnt[i]+1;
      }
    }
  }
  i++;
}
```

```
      // 모든 세트 중에서 연속으로 동전을 교환할 수 있는 값이
      // 최대인 세트를 구한다.
      change = false;
      // 최대 금액이 더 큰 경우
      if (last > max) change = true;
      // 최대 금액이 같으면
      else if (last == max) {
        // 동전 종류가 더 작은 경우
        if (num < maxnum) change = true;
        // 종류도 같으면 마지막 동전의 금액이 더 적은 경우
        else if (num == maxnum &&
          money[num-1] < maxmoney[maxnum-1]) change = true;
      }

      // 출력해야할 최대 교환 값을 갖는 세트를 저장한다.
      if (change) {
        max = last;
        maxnum = num;
        copy(money, money+num, maxmoney);
      }
    }

    cout << "max coverage = " << setw(3) << max << " :";
    for (i = 0; i < maxnum; i++) cout << setw(3) << maxmoney[i];
    cout << endl;

    max = -1;
  }

  return 0;
}
```

Part 6 LIS

Lesson1 LIS

LIS (Longest Increasing Subsequence : 최장 증가 수열) 는 하나의 수열에서 순차적으로 원소를 증가적으로 선택하여 수열을 다시 만들 때 가장 긴 수열을 선택하는 문제다.

3 2 1 4 5 2 3 5 3 6 4

위와 같은 수열에서는 증가적으로 선택하면 다음과 같은 수열들을 만들 수 있다.

3 4 5 6
1 2 3 5 6

이렇게 구할 때 가장 긴 수열을 찾는 알고리즘에 대해서 알아보자. i 번째 수에서 살펴볼 때 이전에 i 번째 수보다 작은 수 중 현재까지 개수 중 가장 긴 개수를 찾는 것이 핵심이다.

수열	3	2	1	4	5	2	3	5	3	6	4
개수	1	1	1	2	**3**	2	3	4	3	**5**	4

위 표에서 다섯 번째 원소까지 찾은 개수를 살펴보자. 다섯 번째 원소보다 작은 값들 중에서 최대 개수는 네 번째 원소가 최대 개수를 갖는다. 그래서, 자신의 원소가 다시 포함될 수 있으므로 1을 더해서 저장해준다. 위에서 최장 증가 수열은 5 개이다.

최장 증가 수열에 포함되는 수들을 찾아내려면, 개수 저장시에 자신보다 작은 이전의 값 중에 최대 개수가 있었던 인덱스를 저장해주는 것이다. 표는 다음과 같이 확장된다.

인덱스	0	1	2	3	4	5	6	7	8	9	10
수열	3	2	1	4	5	2	3	5	3	6	4
개수	1	1	1	2	3	2	3	4	3	5	4
위치	−1	−1	−1	0	3	2	5	6	5	7	6

위 표에서, 최대 길이가 되었던 인덱스 9 에서 시작해서, 위치에 저장된 이전 수를 역추적 해갈 수 있다. 위 표에 따르면 인덱스는 9 -> 7 -> 6 -> 5 -> 2 로 찾아갈 수 있다. 찾아간 인덱스의 수열을 거꾸로 다시 출력해주면 1 2 3 5 6 의 최장 증가 수열을 구할 수 있다.

이 문제의 입력 예제는 다음과 같다.

```
11
3 2 1 4 5 2 3 5 3 6 4
```

첫 번째 줄에는 수열의 전체 개수가 입력되고, 다음 줄에는 수열의 개수만큼의 수가 입력된다. 이 입력에 대한 LIS 코드를 살펴보자.

```
#include <iostream>
#include <cstring>

using namespace std;

int n, cnt;
int a[100], d[100], pos[100], path[100];

void LIS()
{
  int max = 0, idx;
  int i, j;
```

```
  // 위치를 -1 로 모두 초기화
  for (i = 0; i < n; i++) pos[i] = -1;

  for (i = 0; i < n; i++) {
    // 자신 부터 시작해도 1 개이므로 1 개로 초기화
    d[i] = 1;

    // i 이전의 것을 모두 검사
    for (j = 0; j < i; j++) {
      // 자신의 현재 값보다 작으면서(a[i] > a[j])
      // 개수가 최대인 값 찾기
      // 여기서 (a[i] < a[j]) 로 바꾸면
      // LDS(Longest Decreasing Subsequence) 가 된다.
      if (a[i] > a[j] && d[i] < d[j]+1) {
        // 개수 갱신
        d[i] = d[j]+1;

        // 위치 갱신
        pos[i] = j;
      }
    }

    // 최개 개수 위치와 개수 저장
    if (max < d[i]) {
      max = d[i];
      idx = i;
    }
  }

  // 최대 개수인 경우의 수열 역추적
  path[cnt++] = idx;
  while (pos[idx] != -1) {
```

```
      path[cnt++] = pos[idx];
      idx = pos[idx];
    }

    // 다시 거꾸로 수열 출력
    for (i = cnt-1; i >= 0; i--) cout << a[path[i]] << " ";
    cout << endl;

    // 최대 개수 출력
    cout << max << endl;
}

int main()
{
    int i;

    // 데이터 입력
    cin >> n;
    for (i = 0; i < n; i++) cin >> a[i];

    // LIS 호출
    LIS();

    return 0;
}
```

실행결과는 다음과 같다.

```
1 2 3 5 6
5
```

LIS 관련 문제를 풀어보자.

Lesson2 UVA103 상자 포개기

수학과 컴퓨터 공학에서 어떠한 개념들은 1 차원 또는 2 차원처럼 간단하다. 그러나, 정해지지 않은 차원으로 확장할 때는 문제가 복잡해진다. 다차 방정식을 풀고, n-각형 입방체의 기하학적 형태를 분석한다고 생각해보자. n-각형 입방체는 좀 더 낮은 다각형을 이용하여 특별한 유사성을 찾을 수 있는 반면에, 다차 방정식을 푸는 것은 1 차 방정식보다 훨씬 복잡하다.

n-차원 "상자" 를 생각해보자. 2 차원에서 상자 (2,3) 은 길이 2, 폭 3 의 상자를 나타낸다. 3 차원에서 상자 (4,8,9) 는 4×8×9 (길이, 폭, 높이) 의 상자를 나타낸다. 6 차원 (4,5,6,7,8,9) 가 나타내는 상자는 이해하기가 쉽지 않다. 그러나, 크기와 같은 상자의 속성은 분석할 수 있다.

이 문제에서는 n-차원 상자의 속성을 분석할 것이다. 상자들을 포갤 수 있는 가장 긴 문자열을 구해야 한다. 상자 b_{i+1} (1 <= i < k) 에 상자 b_i 를 포개는 것으로 상자의 순서는 b_1, b_2, …, b_k 으로 표현된다 .
포개지는 상자 D = (d_1, d_2, …, d_n) 가 상자 E = (e_1, e_2, …, e_n) 의 크기보다 적어서, d_i 를 포갤 수 있다면, 상자 D 는 상자 E 에 포갠다. 상자 D 가 회전해서, 상자 E 에 맞는다면 상자를 회전시킨다.

예를 들어, 상자 E = (7,3) 와 D = (2,6) 에서, D 가 대응되는 E 의 크기보다 작아서 포개지면 (6,2) 와 같이 배치할 수 있다. 상자 D = (9,5,7,3) 와 상자 E = (2,10,6,8) 에서, D 는 포개지도록 재배치될 수 없기 때문에, E 안으로 포개지지 않는다. 그러나, F = (9,5,7,1) 는 (1,9,5,7) 과 같이 재배치 될 수 있으므로 상자 E 안으로 포갠다.

포개기 정의: 상자 D = (d_1, d_2, …, d_n) 와 E = (e_1, e_2, …, e_n) 에서, E 내부에 맞는 ($d_{\pi(1)}$, $d_{\pi(2)}$, …, $d_{\pi(n)}$) 과 같이 1…n 사이의 교환열 π 가 존재하면, 상자 D는 상자 E 안으로 포개진다. 즉, 모든 범위 1 <= i <= n 에서 $d_{\pi(i)} < e_i$ 를 만족할 때이다.

입력

입력은 상자의 순열로 구성된다. n 차원 상자 k 개가 입력되며, 각 상자는 한 라인 단위로 입력된다.

한 라인은 한 개 이상의 스페이스로 구분되는 상자의 치수 n 개가 입력된다. i 번째 라인은 i 번 째 상자의 차수이다(1 〈= i 〈= k).

입력 파일은 몇 개의 상자 순열 그룹으로 구성된다. 프로그램은 이들 모두를 처리해야 하고, k 개 상자에서의 포갤 수 있는 최대 상자의 문자열과 해당 길이(문자열에 포함되는 상자의 개수)를 결정해야 한다.

이 문제에서, 최대 차원은 10 이고, 최소 차원은 1 이다. 상자의 최대 개수는 30 개다.

출력

첫 라인에는 포개진 최대 문자열의 길이를 출력하고, 이 문자열이 포함하는 상자의 목록을 순서대로 다음 라인에 출력한다. 가장 안쪽에 포함된 상자가 처음 출력되고, 다음 상자 순서로 출력될 것이다.

상자의 순서는 입력 파일에서 표시된 순서에 따른다. 첫 번째 상자가 1 번 상자가 된다.

상자가 2 개 이상 포개져야 출력할 수 있다.

입력 예제

```
5 2
3 7
8 10
5 2
9 11
21 18
```

```
8 6
5 2 20 1 30 10
23 15 7 9 11 3
40 50 34 24 14 4
9 10 11 12 13 14
31 4 18 8 27 17
44 32 13 19 41 19
1 2 3 4 5 6
80 37 47 18 21 9
```

출력 예제

```
5
3 1 2 4 5
4
7 2 5 6
```

풀이

이 문제는 숫자 하나로 구성된 LIS 에서 집합의 LIS 로 응용된 문제이다. i 번째 집합의 모든 원소가 j 번째 집합의 모든 원소보다 절대적인 순서로 나타내었을 때 모두 작아야 i 번째 집합이 j 번째 집합 위에 올라올 수 있다. 즉, a[i][k] 〈 a[j][k] (1 ≤ k ≤ n)이 n 차원에 대해서 성립할 때이다. 코드는 다음과 같다.

```
#include<iostream>
#include<algorithm>

using namespace std;

int main()
{
  int n, m, d[30][11], i , j, k, a[30], b[30], *max, tmp[11];
  bool chk;

  while (cin >> n >> m) {
    for (i = 0; i < n; ++i) {
      for (j = 0; j < m; ++j) cin >> d[i][j];

      // 마지막에 박스 번호 저장
      d[i][m] = i+1;

      // m 차원의 모든 데이터에 대해서 각 박스별로 정렬
      sort(d[i], d[i]+m);
    }

    // 전체 박스들을 정렬
    for (i = 0; i < n-1; i++) {
      for (j = i+1; j < n; j++) {
        chk = false;
```

```
        // 하나라도 차원 중에 큰 것이 있는지 조사한다.
        for (k = 0; k < m && !chk; k++) {
          if (d[i][k] < d[j][k]) chk = true;
        }

        if (chk) {
          copy(d[i], d[i]+m+1, tmp);
          copy(d[j], d[j]+m+1, d[i]);
          copy(tmp, tmp+m+1, d[j]);
        }
      }
    }

    for (i = 0; i < n; ++i) {
      a[i] = 0;
      b[i] = -1;

      // i 번째 박스가 1~i-1 까지의 박스중에서
      // m 차원이 모두 작은 것중 최대를 구한다.
      for (j = 0; j < i; ++j) {
        if (a[j] > a[i]) {
          // m 차원이 모두 작은지를 검사한다.
          for (k = 0; k < m; ++k) {
            // 중간에 하나라도 크거나 같은 것이 있으면 중단
            if (d[i][k] >= d[j][k]) break;
          }

          // m 차원 모두가 같으면 그중 최대 개수인 것을 저장한다.
          if (k == m && (a[i] < a[j])) {
            a[i] = a[j];
            b[i] = j;
          }
```

```
            }
        }
        // 만족하는 마지막 박스에서 자신의 개수를 더해준다.
        ++a[i];
    }

    // 최대 개수 구하기
    max = max_element(a, a+n);
    cout << *max << endl << d[max-a][m];

    // 역추적으로 박스 번호 차례대로 출력
    for (i = b[max-a]; i >= 0; i = b[i])
        cout << ' ' << d[i][m];
    cout << endl;
  }

  return 0;
}
```

Lesson3 UVA10131 더 크면 영리한가?

코끼리들의 데이터를 수집해서, 몸무게가 증가하면 IQ 가 떨어지는 데이터에서 가능한 부분 집합이 최대가 되는 순열을 얻고 싶다.

입력

입력은 한 떼의 코끼리 데이터로 구성된다. 한 줄에 코끼리 한 마리의 데이터가 입력되며, EOF 로 입력이 종료된다. 각 코끼리 데이터는 한 쌍의 정수로 구성된다. 첫 번째 정수는 킬로그램 단위의 무게를 나타내는 정수이며, 두 번째 정수는 IQ 점수를 1/100 단위로 나타내는 값이다. 두 정수 모두 1 ~ 10000 범위를 갖는다. 입력 데이터에는 1000 마리 이하의 데이터가 입력된다. 코끼리 두 마리는 무게가 같거나, IQ 가 같을 수 있으며, 심지어는 둘 모두 같을 수 있다.

출력

i 번째 데이터 W[i] 와 S[i] 의 번호를 사용한다. 데이터 번호의 수열을 출력하여라. 첫 번째 줄에는 번호의 개수 n 을 출력하고, n 개 줄에 코끼리 번호를 나타내는 정수를 하나씩 출력하여라. n 개의 정수가 a[1], a[2], …, a[n] 이라면, 다음과 같은 조건이 만족되어야 한다.

W[a[1]] 〈 W[a[2]] 〈 … 〈 W[a[n]]
S[a[1]] 〉 S[a[2]] 〉 … 〉 S[a[n]]

정답을 구하려면 가능한 n 이 큰 값을 구해야 한다. 무게는 증가되는 순서이어야 하며, IQ 는 낮아지는 순서를 구해야 한다. 주어진 입력에 동일한 개수의 답이 여러 개 존재하면, 그 중 하나만 출력하여라.

입력 예제

```
6008 1300
6000 2100
500 2000
1000 4000
1100 3000
6000 2000
8000 1400
6000 1200
2000 1900
```

출력 예제

```
4
4
5
9
7
```

메모장

 **풀이**

이 문제는 기준이 2 개이다. 먼저 IQ 에 대해서 내림차순으로 정렬해준다. IQ 가 같은 경우 먼저 입력된 것이 우선으로 정렬한다. 다음으로 무게를 기준으로 LIS 를 구현하면 된다. 코드는 다음과 같다.

```
#include <iostream>
#include <algorithm>
#include <string.h>

using namespace std;

int n, cnt, chk[1000], a[1000], b[1000], d[1000], pos[1000], path[1000];

void LIS()
{
  int max = 0, idx, i, j;

  // 위치 초기화
  for (i = 0; i < n; i++) pos[i] = -1;

  for (i = 0; i < n; i++) {
    // 먼저 자신부터 시작하는 값인 1 개로 세팅
    d[i] = 1;

    // 자신 이전의 값 중에서
    // 무게가 자신보다 큰 값 중에서 위에 쌓인 개수가
    // 최대인 것을 찾는다.
    for (j = 0; j < i; j++) {
      if (a[i] > a[j] && d[i] < d[j]+1) {
        d[i] = d[j]+1;
        pos[i] = j;
```

```
        }
      }

      // 최장 길이를 구한다.
      if (max < d[i]) {
        max = d[i];
        idx = i;
      }
    }

    // 역추적
    path[cnt++] = idx;
    while (pos[idx] != -1) {
      path[cnt++] = pos[idx];
      idx = pos[idx];
    }
    cout << max << endl;
    for (i = cnt-1; i >= 0; i--) cout << chk[path[i]] << endl;
}

int main()
{
  int i, j, t;

  while (cin >> a[n] >> b[n]) {
    chk[n] = n+1;
    n++;
  }

  for (i = 0; i < n; i++) {
    for (j = i+1; j < n; j++) {
      // IQ 에 대해서 내림 차순으로 정하고,
```

```
      // IQ 가 같은 경우 무게가 더 작은 것이 먼저 나오도록 바꾼다.
      if (b[i] < b[j] || (b[i] == b[j] && a[i] > a[j])) {
        swap(a[i], a[j]);
        swap(b[i], b[j]);
        swap(chk[i], chk[j]);
      }
    }
  }

  // LIS 호출
  LIS();

  return 0;
}
```

Part 7 LCS

Lesson1 LCS

LCS (Longest Common Subsequence : 최장 공통 부분 수열)는 2 개의 수열이 주어졌을 때, 상대적인 순서를 유지하는 부분 수열을 만들었을 때 두 부분수열이 같은 최대 길이의 수열을 구하는 문제이다.

abcdabdcfc
acbdcfbdca

위와 같이 둘다 10 개의 길이를 갖는 두 문자열에서 상대 순서를 유지하는 최장 공통 수열을 구해보자. 상대 순서를 유지한다는 말은 abcd 와 같은 문자열일 경우, ac 는 가능하지만, ca 로 뽑아내는건 순서 유지가 안되므로 불가능하다는 말이다.

		a	b	c	d	a	b	d	c	f	c
	0	0	0	0	0	0	0	0	0	0	0
a	0										
c	0										
b	0										
d	0										
c	0										
f	0										
b	0										
d	0										
c	0										
a	0										

2 차원 배열을 사용하여 첫 번째 수열은 위쪽에, 두 번째 수열은 왼쪽에 배치시킨다. 그리고, 0 번 행과 0 번 열을 모두 0 의 값으로 초기화해준다. 이 배열은 최대 공통

수열의 개수를 저장한다. 예를 들어, 0 번 행에 저장되는 값은 위의 수열과 공집합 {} 과의 공통 개수를 구하는 것이므로 0 값을 갖는다. 마찬가지로 0 번 열도 같은 경우이다. 이번에는 1 번 행을 처리해보자.

		a	b	c	d	a	b	d	c	f	C
	0	0	0	0	0	0	0	0	0	0	0
a	0	↘ 1	→ 1	→ 1	→ 1	↘ 1	→ 1	→ 1	→ 1	→ 1	→ 1

1 번 행에서 왼쪽의 문자와 같은 문자를 갖는 열은 좌측 상단 대각선의 값에서 개수가 1 개 증가되면서 내려온다.

D[i][j] = D[i-1][j-1]+1;

문자가 같지 않은 경우는 왼쪽과 위쪽의 값 중 더 좋은 값을 저장해준다. 예를 들어, "abc" 와 "adb" 두 문자열의 공통 문자열을 구하는 경우 세 번째 이전 문자들의 개수는 구했고, 세 번째 문자들의 최대 개수를 구한다고 해보자. 세 번째 문자는 'c' 와 'b' 로 같지 않은 경우이다. 이때는 "abc" 와 "ad" 의 최대 개수 또는 "ab" 와 "adb" 의 최대 개수 중 큰 값과 동일하게 된다.

1. ("abc" , "ad") => "a"
2. ("ab" , "adb") => "ab"
3. ("abc" , "adb") => "ab"

1 번에서 두 번째 문자열의 두 개 문자까지 최대 공통 문자열이 1 개이고, 2 번에서 첫 번째 문자열의 두 개 문자까지 최대 공통 문자열이 2 개이다. 3 번에서 세 번째 두 문자가 다른 경우에는 첫 번째 문자열에서 세 번째 문자('c')랑 마지막으로 개수가 더해질 수 있는 부분이 두 번째 문자열에서 두 번째 문자 이전에서 나올 수 있다. 또는 두 번째 문자열의 세 번째 문자('b')는 첫 번째 문자열의 두 번째 문자 이전에서 나올 수 있다. 따라서, 두 문자열이 같지 않은 경우는 다음과 같이 정의된다.

D[i][j] = Max(D[i][j-1], D[i-1][j]);

문자가 서로 같은 경우와 그렇지 않은 두 가지 경우에 대해서 값을 저장할 때 이용하는 방향을 저장해주도록 한다.

1. ↘ : D[i−1][j−1] 값을 이용한 경우
2. → : D[i][j−1] 값을 이용한 경우
3. ↓ : D[i−1][j] 값을 이용한 경우

위와 같이 3 가지 방향으로 저장하도록 한다. 따라서 모든 값을 세팅하면 다음과 같은 표가 작성된다.

		a	b	c	d	a	b	d	c	f	c
	0	0	0	0	0	0	0	0	0	0	0
a	0	↘ 1	→ 1	→ 1	→ 1	↘ 1	→ 1	→ 1	→ 1	→ 1	→ 1
c	0	↓ 1	→ 1	↘ 2	→ 2	→ 2	→ 2	→ 2	↘ 2	→ 2	↘ 2
b	0	↓ 1	↘ 2	→ 2	→ 2	→ 2	↘ 3	→ 3	→ 3	→ 3	→ 3
d	0	↓ 1	↓ 2	→ 2	↘ 3	→ 3	→ 3	↘ 4	→ 4	→ 4	→ 4
c	0	↓ 1	↓ 2	↘ 3	→ 3	→ 3	→ 3	↓ 4	↘ 5	→ 5	↘ 5
f	0	↓ 1	↓ 2	↓ 3	→ 3	→ 3	→ 3	↓ 4	↓ 5	↘ 6	→ 6
b	0	↓ 1	↘ 2	↓ 3	→ 3	→ 3	↘ 4	→ 4	↓ 5	↓ 6	→ 6
d	0	↓ 1	↓ 2	↓ 3	↘ 4	→ 4	→ 4	↘ 5	→ 5	↓ 6	→ 6
c	0	↓ 1	↓ 2	↘ 3	↓ 4	→ 4	→ 4	↓ 5	↘ 6	→ 6	↘ 7
a	0	↘ 1	↓ 2	↓ 3	↓ 4	↘ 5	→ 5	→ 5	↓ 6	→ 6	↓ 7

표에서 마지막에 저장된 값이 최대 공통 수열의 길이가 된다. 이때 공통 수열을 구성하는 원소는 화살표를 따라가며 역추적하게 된다. "→" 나 "↓" 는 단순히 자리만 왼쪽과 위쪽으로 이동하게 된다. "↘" 는 대각선으로 올라가면서 해당 위치의 문자를 저장해준다. 위 표에서 찾아가면, "↘" 화살표의 해당 열의 문자나 행의 문자 중 하나를 저장해주면 된다. 실제로 "↘" 가 나온 자리는 두 문자가 같을 때 세팅되는 것이므로 어느 것이나 저장해도 같은 문자다.

위 표에서 역추적하면 "cfcdbca" 순으로 얻어지는데, 이를 반대로 "acbdcfc" 으로 최장 공통 문자열을 구할 수 있다. 입력 예제는 다음과 같다.

```
abcdabdcfc
acbdcfbdca
```

LCS 를 구하는 코드는 다음과 같다.

```
#include <iostream>
#include <string>

using namespace std;

string a, b, str;
int d[100][100], p[100][100];
int cnt;

void LCS()
{
  int i, j, l1, l2;

  l1 = a.length();
  l2 = b.length();
```

```
  for (i = 1; i <= l1; i++) {
    for (j = 1; j <= l2; j++) {
      // 두 문자가 같을 경우
      if (a[j-1] == b[i-1]) {
        // 공통 문자가 1 개 증가된다.
        d[i][j] = d[i-1][j-1]+1;
        // "↘" 대신 1 로 저장한다.
        p[i][j] = 1;
      }
      // 같지 않은 경우
      else {
        // 왼쪽에서 오는 값이 더 좋은 경우
        if (d[i][j-1] >= d[i-1][j]) {
          d[i][j] = d[i][j-1];
          // "→" 대신 2 로 저장한다.
          p[i][j] = 2;
        }
        // 위에서 오는 값이 더 좋은 경우
        else {
          d[i][j] = d[i-1][j];
          // "↓" 대신 3 으로 저장한다.
          p[i][j] = 3;
        }
      }
    }
  }

  // 최장 공통 문자열 역추적
  i = l1;
  j = l2;
  while (i > 0 && j > 0) {
    switch(p[i][j]) {
```

```
    case 1: // 대각선으로 올라가는 경우
      str[cnt++] = a[j-1]; // 해당 열의 문자 저장
      i--;
      j--;
      break;
    case 2: // 왼쪽으로 가는 경우
      j--;
      break;
    case 3: // 위로 가는 경우
      i--;
      break;
    }
  }

  // 거꾸로 저장된 공통 문자열 출력
  for (i = cnt-1; i >= 0; i--) cout << str[i];
  cout << endl;

  // 최장 공통 문자열의 길이 출력
  cout << d[l1][l2] << endl;
}

int main()
{
  cin >> a >> b;

  // LCS 호출
  LCS();

  return 0;
}
```

실행결과는 다음과 같다.

```
acbdcfc
7
```

LCS 에 관련된 문제를 풀어보자.

Lesson2 UVA111 역사 점수 계산

컴퓨터 과학 분야에서는 어떤 한계에 근접하는 값을 최대화시키는 문제들이 존재한다.

연대순으로 역사적인 사건을 작성하는 역사 시험을 한번 생각해보자. 모든 사건을 정확한 순서대로 작성한 학생만 만점을 받을 것이다. 그러나, 역사 사건의 순서를 마음대로 작성한 학생에게는 점수를 어떻게 부여할 것인가? 부분 점수에 대한 계산 방법은 다음과 같다.

1. 정확한 순서를 갖는 사건은 사건마다 1 점
2. 원래의 역사 순서와 비교해서 상대적인 순서를 유지하는 가장 긴 순서에 해당하는 사건들은 각 사건마다 1 점. 여기서, 상대적인 순서를 갖는 역사 사건이 반드시 계속적으로 연결되어 나타날 필요는 없다.

예를 들어, 4 가지 역사적 사건의 순서가 1 2 3 4 일 때, 1 3 2 4 번의 순서로 작성되었다고 해보자. 1 번 규칙을 적용하면 정확한 순서를 갖는 사건이 1 번과 4 번이므로 2 점을 얻게 된다. 2 번 규칙을 적용하면 1 2 4 혹은 1 3 4 로 계산하면 상대적인 순서를 간직하는 최장 길이의 순서가 되므로 3 점을 얻게 된다.

이 문제에서는 2 번 규칙을 사용하여 점수를 계산하는 프로그램을 작성해야 한다.

i 번 사건의 연대기적 순서에서의 순위가 1 <= c_i <= n 일 때, n 개의 사건 1, 2, ..., n 의 정확한 연대 순위 c_1, c_2, ..., c_n 이 주어지고, i 번 사건에 대해서 학생들이 응답한

순위를 1 <= r_i <= n 라고 할때 응답한 전체 순위 r_1, r_2, ..., r_n 이 주어진다. 학생들의 답안의 순위와 정확한 원래 순위를 비교해 상대적으로 가장 긴 길이를 결정하여라. 물론, 상대적으로 가장 긴 길이의 순서가 모두 연결될 필요는 없다.

입력

첫째 줄에는 사건의 개수를 나타내는 2 <= n <= 20 범위의 n 이 입력된다. 두 번째 줄에는 n 개 사건의 정확한 연대 순서의 순위를 나타내는 n 개의 정수가 입력된다. 세 번째 줄부터는 학생들이 작성한 n 개 사건의 순위를 나타내는 n 개의 정수가 한 줄씩 입력된다. 학생들의 답안은 모두 n 개의 숫자로 구성되며 각각의 숫자는 [1...n] 범위를 갖는다. 각 줄마다 순위는 중복되지 않으며, 다음 순위와는 하나 이상의 공백을 사용하여 구분되어 있다.

출력

학생들의 각 답안에 대해서 점수를 한 줄에 하나씩 출력하여라.

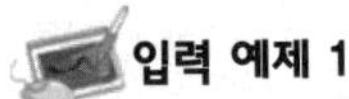

입력 예제 1

```
4
4 2 3 1
1 3 2 4
3 2 1 4
2 3 4 1
```

출력 예제 1

```
1
2
3
```

입력 예제 2

```
10
3 1 2 4 9 5 10 6 8 7
1 2 3 4 5 6 7 8 9 10
4 7 2 3 10 6 9 1 5 8
3 1 2 4 9 5 10 6 8 7
2 10 1 3 8 4 9 5 7 6
```

출력 예제 2

```
6
5
10
9
```

풀이

이 문제는 입력되는 데이터가 연대 순서의 순위를 잘 처리해야 한다. 1, 2, 3, 4 등의 순서가 순위로 입력이 된다. 처음 해답과 학생들의 답간의 순서를 상대적으로 가장 많이 고를 수 있는 LCS 로 해결하는 문제이다.

```
#include <iostream>

using namespace std;

int main()
{
  int n, d[21][21], ans[21], x[21], i, j, k;

  cin>>n;
  for (i = 1; i <= n; i++) {
    // 순위에 해당하는 시대적 순서를 저장해준다.
    cin >> j;
    ans[j] = i;
  }

  while (1) {
    for (i = 1; i <= n && cin >> k; i++) x[k] = i;
    if (i <= n) break;

    // 첫 행과 첫 열을 초기화한다.
    for (i = 0; i <= n; ++i) d[0][i] = d[i][0] = 0;

    // LCS
    for (i = 1; i <= n; ++i) {
      for (j = 1; j <= n; ++j) {
        // 같은 경우 무조건 대각선 값 + 1
```

```
        if (ans[i] == x[j]) d[i][j] = d[i-1][j-1]+1;
        // 같지 않은 경우 왼쪽과 위쪽 중 큰 값 저장
        else
         d[i][j] = (d[i][j-1] > d[i-1][j] ? d[i][j-1] : d[i-1][j]);
      }
    }

    // 마지막에 저장된 값 출력
    cout << d[n][n] << endl;
  }

  return 0;
}
```

Lesson3 UVA 10066 쌍둥이 탑

옛날 고대 왕국시대에, 두 도시에 다른 모양의 두 개의 탑이 있었다. 탑은 원형 벽돌을 쌓아서 만든 것이었다. 각 타일은 동일한 높이로 각기 다른 반지름으로 이루어져 있었다. 두 탑은 많은 타일들이 동일했지만, 서로 다른 모양을 하고 있었다는 점이 이상한 것은 아니었다.

그러나, 그 탑이 완성된 몇 천년 후에 왕은 그들이 가능한 높은 높이로 같은 모양과 크기가 되도록 탑에서 몇 개의 타일을 제거할 것을 요구했다. 새로 생성된 탑의 타일 순서는 원본 탑의 상대적인 순서가 유지되어야 한다. 왕은 동일한 탑으로 변경을 하면 두 도시 간의 동일성과 화합의 상징으로 탑이 서있을 것 같았다. 왕은 이 탑을 쌍둥이 탑으로 이름 붙였다.

약 2 천년 후에, 당신에게도 비슷한 문제가 주어졌다. 두 개의 서로 다른 탑 정보가 주어지면, 가능한 높은 쌍둥이 탑의 타일 개수를 찾는 것이다.

입력

입력은 여러 개의 데이터 집합으로 구성된다. 각 데이터 집합은 한 쌍의 탑에 대한 정보를 갖고 있다.

각 데이터 집합의 첫 번째 줄에는 두 탑의 타일 개수를 나타내는 두 정수 N1 과 N2 가 입력된다. N1, N2 의 범위는 1 <= N1, N2 <= 100 이다. 두 번째 줄에는 첫 번째 탑에서 위에서 아래 순서로 N1 개의 타일 반지름 정보가 입력된다. 세 번째 줄에는 두 번째 탑에서 위에서 아래 순으로 N2 개의 타일의 반지름 정보가 입력된다.

N1 과 N2 값이 모두 0 이 입력되면 입력 파일 종료를 나타낸다.

출력

타일 번호를 먼저 출력한다. 다음 줄에는 가능한 높은 쌍둥이 탑의 타일 개수를 출력하는 것이다. 각 데이터 집합을 출력한 후에 빈 줄을 한 줄씩 출력하도록 한다.

입력 예제

```
7 6
20 15 10 15 25 20 15
15 25 10 20 15 20
8 9
10 20 20 10 20 10 20 10
20 10 20 10 10 20 10 10 20
0 0
```

출력 예제

```
Twin Towers #1
Number of Tiles : 4

Twin Towers #2
Number of Tiles : 6
```

풀이

이 문제는 단순히 반지름에 대해서 LCS 를 돌려주면 답이 나오는 문제이다. 코드는 다음과 같다.

```
#include <iostream>
#include <algorithm>

using namespace std;

int n,m,a[1000],b[1000],d[1000][1000],cnt=1;

int main()
{
  int i, j;

  while (1) {
    cin >> n >> m;
    if (!n && !m) break;

    for (i = 0; i <= n; i++) fill(d[i], d[i]+m+1, 0);
    for (i = 0; i < n; i++) cin >> a[i];
    for (i = 0; i < m; i++) cin >> b[i];
    for (i = 1; i <= n; i++) {
      for (j = 1; j <= m; j++) {
        // 반지름이 동일한 경우
        if (a[i-1] == b[j-1]) d[i][j] = d[i-1][j-1]+1;
        else {
          if (d[i][j-1] > d[i-1][j]) d[i][j] = d[i][j-1];
          else d[i][j] = d[i-1][j];
        }
      }
```

```
    }

    cout << "Twin Towers #" << cnt++ << endl;
    cout << "Number of Tiles : " << d[n][m] << endl;

    cout << endl;
  }

  return 0;
}
```

Part 8 ED

Lesson1 ED

ED(Edit Distance : 최소 편집)는 2 개의 수열이 주어졌을 때, 원본 수열을 편집 후 원하는 수열로 만드는 편집 회수가 최소가 되는 방법을 구하는 문제이다. 문자열에 대해 다음 문제를 생각해보자.

abcdabdcfc
acbdcfbdca

위의 문자열에서 첫 번째 문자열이 원본 문자열이며, 두 번째 문자열이 편집한 후 얻어야할 결과 문자열이라고 하자. 그리고, 편집은 삽입(Insert), 삭제(Delete), 수정(Modify) 로 3 가지 연산을 제공한다. 삽입은 해당 위치에 문자 하나를 삽입하는 연산이며, 삭제는 해당 위치의 문자를 지우는 연산이고, 수정은 해당 위치의 문자를 다른 문자로 치환하는 연산이다. 이 3 가지 연산을 사용하여 원본 문자열에서 최종 문자열로 최소한의 편집 연산만 사용해야 한다.

일단, 두 문자열에 대해 초기 세팅 값부터, 기본 연산이 수행된다. 아래 표를 살펴보자.

		a	b	c	d	a	b	d	c	f	c
	0	→ 1	→ 2	→ 3	→ 4	→ 5	→ 6	→ 7	→ 8	→ 9	→ 10
a	0										
c	0										
b	0										
d	0										
c	0										
f	0										

b	0										
d	0										
c	0										
a	0										

1 행은 상단의 해당 위치까지의 문자열을 공백 빈 문자열로 만드는 회수이다. 1 행에는 이전의 문자열도 없으며, 현재 문자열도 없는 빈 문자열이기 때문이다. 우선, 2 번 열의 "a" 에서 빈 문자열(" ")이 되려면 문자 하나를 지워야 한다. 따라서, 삭제 연산은 "→" 화살표로 표시하고 이전 왼쪽에서 삭제 연산 회수 1을 더해서 오른쪽으로 오게 된다. 3 번 열의 "b" 와 같은 경우는 "ab" 에서 " " 이 되어야 하므로 이전 삭제 연산 회수에서 1이 더 추가된다.

따라서, 1 번 행은 차례대로 1 씩 증가되면서 회수를 초기화해주며, 방향은 왼쪽으로 세팅해주면 된다. 이제 1 번 열에 대해서 살펴보자.

		a	b	c	d	a	b	d	c	f	c
	0	→ 1	→ 2	→ 3	→ 4	→ 5	→ 6	→ 7	→ 8	→ 9	→ 10
a	↓ 1										
c	↓ 2										
b	↓ 3										
d	↓ 4										
c	↓ 5										
f	↓ 6										
b	↓										

	7										
d	↓ 8										
c	↓ 9										
a	↓ 10										

1 번 열은 빈 문자열에서 새로운 문자열을 삽입하는 것이다. 즉, 2 번 행은 빈 문자열에서 “a” 문자열이 되어야 하므로, ‘a’ 문자 하나가 삽입되어야 한다. 따라서, 삽입 연산이 하나 추가된다. 그리고, 삽입의 경우는 “↓” 사용하여 표시하도록 한다.
3 번 행은 문자열에서 “ab” 가 되어야 하므로 이전의 결과보다 삽입 연산이 하나 더 늘게 된다. 즉, 1 번 열의 모든 원소는 1 씩 아래로 가면서 증가되며, 연산은 삽입 연산으로 초기화된다.

이제 2 번 행의 모든 원소에 대해서 살펴보자.

		a	b	c	d	a	b	d	c	f	c
	0	→ 1	→ 2	→ 3	→ 4	→ 5	→ 6	→ 7	→ 8	→ 9	→ 10
a	↓ 1	• 0	→ 1	→ 2	→ 3	• 4	→ 5	→ 6	→ 7	→ 8	→ 9

스킵(skip) 연산

두 문자가 같은 곳에서는 편집 회수가 증가하지 않고 왼쪽 상단의 대각선에서 그대로 내려올 수 있다. 일단 두 문자열의 (첫 번째 해당 문자열, 두 번째 해당 문자열) 쌍으로 표현하기로 하자. 위에서 2 번 열의 a 와 만나는 지점을 살펴보면, (“ ” , “ ”) 에서 (“a” , “a”) 문자열의 쌍으로 변경된다. 두 쌍의 편집회수는 0 이다. 문자열 자체가 변화없이 그대로 이기 때문이다.

다시 말해서 두 문자가 같은 경우는 왼쪽 상단의 값에서 편집 회수 변화없이 숫자가 그대로 복사되며, 이때 변화가 없는 경우는 "•" 으로 표시하고 스킵 연산이라고 하자. 스킵 연산 회수는 다음과 같은 방식으로 d 배열을 세팅하며, 방향 배열 p 에는 1 을 저장하도록 하자.

```
d[i][j] = d[i-1][j-1];
p[i][j] = 1; // "•"
```

수정 연산

다음 두 문자가 같지 않은 경우는 우선 수정 연산을 적용하도록 한다. 예를 들어, 세 번째 열을 살펴보자. ("a" , " ") 쌍에서 ("ab" , "a") 쌍이 되려면, 마지막 문자 'b' 를 'a' 로 바꾸는 연산이 적용된다. 수정 연산은 "↘" 으로 표시하자. 위 예에서는 사용되지 못했다. 수정 연산의 왼쪽 위의 d 배열에서 1 이 더해진 값을 가지면, 방향 배열 p 에는 2 를 저장한다.

```
d[i][j] = d[i-1][j-1]+1;
p[i][j] = 2; // "↘"
```

삭제 연산

스킵과 수정 두 연산은 대각선에서 오는 경우였으며, 이제는 왼쪽에서 올 수 있는 삭제 연산을 적용해야 한다. 이전 초기화에서 삭제 연산은 왼쪽에서 올 때 이루어 졌다. 왼쪽에서 오는 경우는 첫 번째 문자열에서 마지막 문자가 추가되는 경우이다. 즉, 위의 표에서 3 번열 'b' 에 대해서 살펴보면, ("a" , "a") 에서 ("ab" , "a") 로 확장될 때, "ab" 에서 'b' 를 삭제하는 연산이 추가된다.

따라서, ("a" , "a") 의 연산 회수에 삭제 연산이 1 회 추가된다. 위 표에서 보면, ("ab" , "a") 의 왼쪽에 ("a" , "a") 경우가 있으며, 왼쪽에서 1 을 더해서 오게 된다. 즉, 이전 스킵과 수정 연산 회수보다 적으면 갱신하게 된다. 삭제 연산은 "→" 으로 표시하면 왼쪽의 d 배열에서 1 이 더해지며, 방향 배열 p 에는 3 을 저장한다.

```
d[i][j] = d[i][j-1]+1;
p[i][j] = 3; // "→"
```

삽입 연산

위의 세 연산을 적용한 이후, 다시 위에서 내려 올 수 있는 삽입 연산을 적용해야 한다. 위에서 내려오는 경우는 두 번째 문자열에서 한 문자가 추가되는 것으로, 위 표에서 1 행 3 열에서 살펴 보자. 즉, ("ab" , " ") 에서 ("ab" , "a") 가 되려면 이전 문자열 쌍에서 'a' 문자가 삽입되는 것이다.

저장된 회수보다 삽입했을 때의 회수가 작으면 갱신하게 된다. 삽입 연산은 "↓" 으로 표시하며, d 배열에서 1 이 더해지며, 방향 배열 p 에는 4 를 저장한다.

```
d[i][j] = d[i-1][j]+1;
p[i][j] = 4; // "↓"
```

이제 4 가지 연산을 적용하여 두 문자열에 대해 최소 편집 회수를 구하는 것을 다음과 같은 표로 나타낼 수 있다.

		a	b	c	d	a	b	d	c	f	c
	0 0	→ 1	→ 2	→ 3	→ 4	→ 5	→ 6	→ 7	→ 8	→ 9	→ 10
a	↓ 1	• 0	→ 1	→ 2	→ 3	• 4	→ 5	→ 6	→ 7	→ 8	→ 9
c	↓ 2	↓ 1	↘ 1	• 1	→ 2	→ 3	→ 4	→ 5	• 6	→ 7	• 8
b	↓ 3	↓ 2	• 1	↘ 2	↘ 2	↘ 3	• 3	→ 4	→ 5	→ 6	→ 7
d	↓ 4	↓ 3	↓ 2	↘ 2	• 2	↘ 3	↘ 4	• 3	→ 4	→ 5	→ 6
c	↓	↓	↓	•	↘	↘	↘	↓	•	→	•

	5	4	3	2	3	3	4	4	3	4	5
f	↓ 6	↓ 5	↓ 4	↓ 3	↘ 3	↘ 4	↘ 4	↘ 5	↓ 4	• 3	→ 4
b	↓ 7	↓ 6	• 5	↓ 4	↘ 4	↘ 4	• 4	↘ 5	↓ 5	↓ 4	↘ 4
d	↓ 8	↓ 7	↓ 6	↓ 5	• 4	↘ 5	↘ 5	• 4	→ 5	↓ 5	↘ 5
c	↓ 9	↓ 8	↓ 7	• 6	↓ 5	↘ 5	↘ 6	↓ 5	• 4	→ 5	• 5
a	↓ 10	• 9	↓ 8	↓ 7	↓ 6	• 5	↘ 6	↓ 6	↓ 5	↘ 5	↘ **6**

위 표에서 마지막에 저장된 6 이 첫 번째 문자열을 두 번째 문자열로 바꾸는 최소 편집 회수가 된다. 이때 사용되는 편집 명령은 역추적하여 구할 수 있다.

"↘" 와 "•" 는 왼쪽 상단으로 이동하게 된다. 이때, "↘" 명령은 열에 해당하는 문자를 행에 해당하는 문자로 바꾸는 편집 명령을 추가한다. "•" 는 편집 명령없이 이동만 적용하게 된다. "→" 는 왼쪽으로 이동하며, 열에 해당하는 문자를 삭제하는 편집 명령을 추가한다. "↓" 는 상단으로 이동하며, 행에 해당하는 문자를 삽입하는 편집 명령을 추가한다.

추가된 편집 명령을 반대로 출력하면 최소 편집을 만드는 편집 명령이 된다. 입력 예제는 두 문자열이 다음과 같이 입력된다.

```
abcdabdcfc
acbdcfbdca
```

최소 편집 회수와 편집 명령을 출력하는 ED 코드를 살펴보자.

```
#include <iostream.h>
#include <fstream.h>
#include <string.h>
```

```
char a[100], b[100];
int d[100][100], p[100][100], pos[100];
char cmd[100], ch1[100], ch2[100];
int cnt;

void ED()
{
  int i, j, l1, l2;

  l2 = strlen(a);
  l1 = strlen(b);

  // 0 번 행 초기화
  for (i = 1; i <= l2; i++) {
    d[0][i] = i;
    p[0][i] = 3; // "→" 대신 3 로 저장한다.
  }
  // 0 번 열 초기화
  for (i = 1; i <= l1; i++) {
    d[i][0] = i;
    p[i][0] = 4; // "↓" 대신 4 으로 저장한다.
  }

  for (i = 1; i <= l1; i++) {
    for (j = 1; j <= l2; j++) {
      // 두 문자가 같을 경우 스킵 연산 적용
      if (a[j-1] == b[i-1]) {
        d[i][j] = d[i-1][j-1];
        // "·" 대신 1 로 저장한다.
        p[i][j] = 1;
      }
```

```
      // 같지 않은 경우 수정 연산 적용
      else {
        d[i][j] = d[i-1][j-1]+1;
        // "↘" 대신 2 로 저장한다.
        p[i][j] = 2;
      }

      // 왼쪽에서 오는 값이 더 좋은 경우 삭제 연산 적용
      if (d[i][j] > d[i][j-1]+1) {
        d[i][j] = d[i][j-1]+1;
        // "→" 대신 3 으로 저장한다.
        p[i][j] = 3;
      }
      // 위에서 오는 값이 더 좋은 경우 삽입 연산 적용
      if (d[i][j] > d[i-1][j]+1) {
        d[i][j] = d[i-1][j]+1;
        // "↓" 대신 4 으로 저장한다.
        p[i][j] = 4;
      }
    }
  }

  // 최소 편집 명령 역추적
  i = l1;
  j = l2;
  while (i > 0 || j > 0) {
    switch (p[i][j]) {
    case 2:
      // 수정 연산은 대각선으로 올라가지만, 편집 명령을 추가한다.
      cmd[cnt] = 2;
      ch1[cnt] = a[j-1];
      ch2[cnt] = b[i-1];
```

```
        pos[cnt] = j;
        cnt++;
        // break 를 하지 않는 이유는 아래 1 번 스킵 연산과 같이
         // 대각선으로 올라가는 코드가 같기 때문에 아래
         // 코드를 공유한다.
      case 1: // 스킵 연산인 경우 대각선으로 올라간다.
        i--;
        j--;
        break;
      case 3: // 삭제 연산인 경우 편집 명령 추가와 왼쪽으로 간다.
        cmd[cnt] = 3;
        ch1[cnt] = a[j-1];
        pos[cnt] = j;
        cnt++;
        j--;
        break;
      case 4: // 삽입 연산인 경우 편집 명령 추가와 위로 간다.
        cmd[cnt] = 4;
        ch1[cnt] = b[i-1];
        pos[cnt] = j;
        cnt++;
        i--;
        break;
    }
  }

  // 최소 편집 회수 출력
  cout << d[11][12] << endl;

  // 거꾸로 저장된 공통 문자열 출력
  int delta = 0;
  for (i = cnt-1; i >= 0; i--) {
```

```
      cout << "위치 " << pos[i]+delta << " 에서 " << ch1[i];
      cout << " 를 ";
      switch (cmd[i]) {
      case 2:
        cout << ch2[i] << " 으로 수정" << endl;
        break;
      case 3:
        cout << "삭제" << endl;
        delta--; // 삭제 연산시 위치가 1 칸씩 당겨짐
        break;
      case 4:
        cout << "삽입" << endl;
        delta++; // 삽입 연산시 위치가 1 칸씩 뒤로 이동함
        break;
      }
   }
}

int main()
{
   ifstream in("input.txt");

   in >> a >> b;

   // ED 호출
   ED();

   return 0;
}
```

실행결과는 다음과 같다.

```
6
위치 1 에서 c 를 삽입
위치 4 에서 c 를 d 으로 수정
위치 5 에서 d 를 c 으로 수정
위치 6 에서 a 를 f 으로 수정
위치 10 에서 f 를 삭제
위치 10 에서 c 를 a 으로 수정
```

ED 와 관련된 문제를 풀어보자.

Lesson2 UVA164 문자열 컴퓨터

엑스텔이라는 회사는 X9091 이라고 이름지은 문자열 처리 컴퓨터인 차세대 컴퓨터를 출시했다. 이 컴퓨터는 암호화 및 관련된 필드로 어떤 값을 저장하길 원했다. 타이완 사람들이 1 단계를 정확히 복제하여 복제품을 만드려는 시도가 있다는 소문이 돌았지만, 그러한 허황된 소프트웨어는 무시할 것이다. 이 컴퓨터는 입력 문자열을 받아들이고, 해당 시간에 로드된 프로그램에 의존하는 문자열을 출력한다. 집적회로는 RISC 기법의 칩을 사용한다. 이 칩은 세가지 변환 명령만 갖는다.

- 특정한 위치의 문자 지우기
- 특정한 위치에 문자 삽입하기
- 특정 위치의 문자를 다른 문자로 치환하기

이 컴퓨터의 프로그램은 각각의 명령이 ZXdd 형식을 갖는 기계어 코드로 작성된다. 여기서, Z 는 D, I, C 등의 명령을 나타내는 코드이며, X 는 문자, dd 는 두 자리 숫자를 나타낸다. 프로그램은 문자 'E' 로 표현되는 종료 명령으로 종료된다. 각 명령은 명령이 수행되는 시간에 메모리에 존재하는 문자열에 대해서만 수행된다.

다음 예제는 하나의 작업 순서를 나타낸다. 이 예제는 'abcde' 를 'bcgfe' 문자열로 변환하는 것이다. 물론 치환 명령만으로 수행할 수 있지만, 최적의 방법은 아니다. 다음

프로그램이 최적이다.

	abcde	
Da01	bcde	
Cg03	bcge	
If04	bcgfe	
E	bcgfe	프로그램 종료

입력 문자열과 목적 문자열의 두 문자열을 읽어 들이고, 입력 문자열을 목적 문자열로 변환하는데 필요한 최소 X9091 프로그램을 생성하는 프로그램을 작성하여라. 수많은 해답이 있을 수 있으나, 단지 하나만 출력한다. 조건에 맞는 어떠한 해답도 정답으로 인정한다.

입력

입력은 공백으로 구분된 두 개의 문자열이 한 줄씩 입력된다. 문자열은 20 개 이하의 소문자로 구성된다. 입력 파일은 단일 문자 '#' 으로 종료된다.

출력

입력으로 들어온 데이터마다 하나의 출력을 한 줄씩 출력한다. X9091 언어의 한 프로그램을 한 줄로 출력한다.

입력 예제

```
abcde bcgfe
#
```

출력 예제

```
Da01Cg03If04E
```

 **풀이**

이 문제는 단순히 ED 알고리즘 대로 구현하면 풀리는 문제이다.

```
#include <iostream>
#include <string>
#include <algorithm>

using namespace std;

string a, b;
int n, m, d[21][21];
char p[21][21];

void Print(int x)
{
  if (x < 10) cout << '0' << x;
  else cout << x;
}

int Path(int i, int j)
{
  int x;
  if (d[i][j] == 0 || p[i][j] == 0) return 0;

  switch (p[i][j]) {
  case 'I': // b[j]를 삽입
    x = Path(i, j-1);
    cout << 'I' << b[j-1];
    Print(i+1+x);
    ++x;
    break;
```

```
  case 'D': // a[i]를 삭제
    x = Path(i-1, j);
    cout << 'D' << a[i-1];
    Print(i+x);
    --x;
    break;
  case 'C': // a[i]를 b[j]로 치환
    x = Path(i-1, j-1);
    cout << 'C' << b[j-1];
    Print(i+x);
    break;
  case 'N':
    x = Path(i-1, j-1);
  }

  return x;
}

int main()
{
  int i,j;

  while (cin >> a) {
    if (a == "#") break;
    cin >> b;
    n = a.length();
    m = b.length();

    for (i = 0; i <= n; i++) {
      fill(d[i], d[i]+m+1, 0);
      fill(p[i], p[i]+m+1, 0);
    }
```

```
// 0 행과 0 열 초기화
for (i = 1; i <= n; i++) {
  d[i][0] = i;
  p[i][0] = 'D';
}
for (j = 1; j <= m; j++) {
  d[0][j] = j;
  p[0][j] = 'I';
}

for (i = 1; i <= n; i++) {
  for (j = 1; j <= m; j++) {
    if (a[i-1] == b[j-1]) {
      d[i][j] = d[i-1][j-1];
      p[i][j] = 'N'; // nothing
    }
    else { // 치환
      d[i][j] = d[i-1][j-1]+1;
      p[i][j] = 'C'; // change
    }

    if (d[i-1][j]+1 <= d[i][j]) { // 삭제
      d[i][j] = d[i-1][j]+1;
      p[i][j] = 'D'; // Delete
    }
    if (d[i][j-1]+1 <= d[i][j]) { // 삽입
      d[i][j] = d[i][j-1]+1;
      p[i][j] = 'I'; // Insert
    }
  }
}
```

```
    // 역추적
    Path(n, m);
    cout << 'E' << endl;
  }

  return 0;
}
```

Lesson3 UVA526 문자열 거리와 변환 처리

문자열 거리는 두 문자열 사이의 거리를 측정하는 값이다. 변환 목록은 마지막 문자열을 제외한 각 문자열이 문자 하나를 삽입하거나, 문자 하나를 지우거나 어떤 문자를 다른 문자로 치환하는 명령 문자열의 목록이다. 변환 목록의 길이는 두 문자열의 변환에 사용되는 명령의 개수를 나타낸다. 두 문자열 사이의 거리는 한 문자열이 다른 문자열로 변경되는 최소 길이를 나타낸다. 두 문자열 사이의 거리를 계산하고, 변환 목록을 작성하여라.

입력

입력은 여러 개의 문자열로 구성된다. 문자열 한 쌍은 한 줄에 문자열 하나씩 두 줄로 입력된다. 각 문자열의 길이는 80 이하로 입력된다.

출력

각 문자열 한 쌍에 대해서, 첫 번째 줄에는 그 문자열의 길이를 정수로 출력해야 한다. 그리고, 다음 줄부터는 첫 번째 문자열에서 두 번째 문자열로 변환되는 명령을 한 줄에 하나씩 출력하도록 한다. 명령 출력시 1 번 부터 차례대로 부여되는 명령 번호를 출력하고, 명령을 출력하도록 한다. 명령은 다음 3 가지로 구성된다.

Insert pos,value

Delete pos

Replace pos,value

pos 는 문자열의 위치를 나타낸다. pos 값은 1 ~ 현재 문자열 길이 사이의 값을 갖는다. insert 명령은 길이보다 1 이 더 큰 값을 가질 수 있다. value 는 문자 하나를 나타낸다. 실제 처리에서는 같은 길이를 만들어 내는 여러 해답이 존재할 수 있지만. 그 중 하나만 출력하도록 한다.

입력 예제

```
abcac
bcd
aaa
aabaaaa
```

출력 예제

```
3
1 Delete 1
2 Replace 3,d
3 Delete 4

4
1 Insert 1,a
2 Insert 2,a
3 Insert 3,b
4 Insert 7,a
```

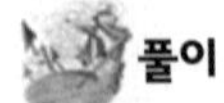 **풀이**

이 문제도 역시 전형적인 ED 알고리즘을 풀리는 문제이다. 출력 형식에 유의해서 풀면 된다.

```
#include <iostream>
#include <string>
#include <algorithm>

using namespace std;

int main()
{
  int i, j, k = 0;
  int d[1000][1000], p[1000][1000], lena, lenb;
  int x[1000], y[1000], cnt;
  int delta;
  string a, b;

  while(getline(cin, a) && getline(cin, b)){
    if (a == "") break;

    if (k == 1) cout << endl;

    lena = a.length();
    lenb = b.length();

    for (i = 0; i <= lenb; i++) {
      fill(d[i], d[i]+lena+1, 0);
      fill(p[i], p[i]+lena+1, 0);
    }

    // 첫 행과 첫 열 초기화
    for (i = 0; i <= lenb; i++) {
```

```
    d[i][0] = i;
    p[i][0] = 3; // Insert
  }
  for (i = 0; i <= lena; i++) {
    d[0][i] = i;
    p[0][i] = 4; // Delete
  }

  for (i = 1; i <= lenb; i++) {
    for (j = 1; j <= lena; j++) {
      // 같은 경우 Skip
      if (a[j-1] == b[i-1]) {
        d[i][j] = d[i-1][j-1];
        p[i][j] = 1;
      }
      // 그렇지 않은 경우 Modify
      else {
        d[i][j] = d[i-1][j-1]+1;
        p[i][j] = 2;
      }
      // Insert
      if (d[i][j] >= d[i-1][j]+1) {
        d[i][j] = d[i-1][j]+1;
        p[i][j] = 3;
      }
      // Delete
      if(d[i][j] >= d[i][j-1]+1){
        d[i][j] = d[i][j-1]+1;
        p[i][j] = 4;
      }
    }
  }
```

```
    cout << d[lenb][lena] << endl;

    // 역추적
    delta = 0;
    cnt = 0;
    i = lenb;
    j = lena;
    while (i != 0 || j != 0) {
      switch(p[i][j]) {
      case 2: x[cnt] = j; y[cnt++] = i;
      case 1: --i; --j; break;
      case 3: x[cnt] = j; y[cnt++] = i; --i; break;
      case 4: x[cnt] = j; y[cnt++] = i; --j; break;
      }
    }

    // 순서대로 다시 출력
    for (i = cnt-1; i >= 0; i--) {
      switch(p[y[i]][x[i]]){
      case 2: cout << cnt-i << " Replace " << x[i]+delta << ",";
              cout << b[y[i]-1]<<endl; break;
      case 3: cout << cnt-i << " Insert " << x[i]+1+delta++;
              cout << "," << b[y[i]-1] << endl; break;
      case 4: cout << cnt-i << " Delete " << x[i]+delta-- << endl;
      }
    }
    if (k == 0) k++;
  }

  return 0;
}
```

Part 9 0-1knapsack

Lesson1 0-1knapsack

0-1 knapsack(배낭) 은 일정 무게까지 담을 수 있는 배낭에 무게를 넘지 않고 넣는 물건들의 값어치가 최대가 되도록 담아야 한다. 예를 들어, 배낭에 넣을 수 있는 최대 무게 W = 10 이라고 하자. 물건 목록은 다음과 같다.

```
1 5 9
2 4 8
3 3 5
4 2 4
```

위 데이터에서 각 줄은 하나의 물건을 나타낸다. 각 물건은 물건 번호, 무게, 가치로 구성된다. 예를 들어, 1 번 물건은 무게가 5 이고 가치가 9 이다. 최대 무게를 넘지 않으면서 무게를 담는 방법을 생각해보자.

첫 번째 방법은 무게가 가장 작은 것부터 제한된 무게를 넘지 않으며 담는 것이다. 4 번, 3 번, 2 번 순으로 물건을 담게 되면, 총 무게는 9(= 2+3+4) 가 되며, 총 가치는 17(= 4+5+8) 이 된다.

두 번째 방법은 가치가 가장 높은 것부터 제한된 무게를 넘지 않으며 담는 방법이다. 1 번 이후에 2 번 순으로 담을 수 있다. 이때, 총 무게는 9(= 5+4)이며, 총 가치는 17(= 9+8) 이 된다.

세 번째 방법은 각 물건의 가치를 무게로 나눈 무게당 값어치 순으로 구하는 것이다. 먼저 무게당 가치를 이전 데이터의 오른쪽에 표시하면 다음과 같다.

```
1 5 9 1.80
2 4 8 2.00
```

```
3 3 5 1.67
4 2 4 2.00
```

무게당 값어치가 높은 것부터 구해보자. 2 번, 4 번을 차례대로 가져오면 무게 제한 때문에 2 번을 가져올 수 없다. 따라서, 2 번, 4 번, 3 번 순으로 가져오면 총 무게는 9(= 4+2+3) 이고, 총 가치는 17(= 8+4+5)가 된다.

세 가지 방법 모두 최적의 해를 구하지 못했다. 최적의 해는 1 번, 3 번, 4 번을 가져와서 총 무게 10(= 5+3+2)와 총 가치 18(= 9+5+4) 가 되는 방법이 최적이다.

물건 번호	무게	가치	무게당 가치
1	5	9	1.80
2	4	8	2.00
3	3	5	1.67
4	2	4	2.00

담을 수 있는 제한(W)이 10 이고, 물건 4 가지가 위와 같은 경우 다시 표로 정리해보면 다음과 같다.

방법	총 무게	총 가치
무게가 가장 작은 것부터 담기 (4, 3, 2 번)	9	17
가치가 가장 높은 것부터 담기 (1, 2 번)	9	17
무게당 가치가 높은 것부터 담기 (2, 4, 3 번)	9	17
최적 해 (1, 3, 4 번)	10	18

위 표의 방법에서 물건 번호는 제한을 초과하지 않으면서 최대한의 가치를 얻을 수 있는 방법대로 담기는 순서대로 물건 번호가 표시되어 있다. 일반적인 방법으로는 최적해가 나오지 않는다는 것을 알 수 있다. 이전까지 배웠던 알고리즘에서 DFS, BFS, Dynamic 과 PFS 를 이용하여 구하는 방법에 대해서 알아보자.

Lesson2 DFS 0-1knapsack

이 방법은 물건을 하나씩 넣었다 빼면서 최적해가 되는 방법을 모두 탐색해보는 가장 무식한 방법이다. 물건 데이터는 이전의 데이터를 그대로 사용하도록 한다.

물건 번호	무게	가치
1	5	9
2	4	8
3	3	5
4	2	4

차례대로 방문하는 것을 이진 트리로 표현하면 다음과 같이 표현할 수 있다

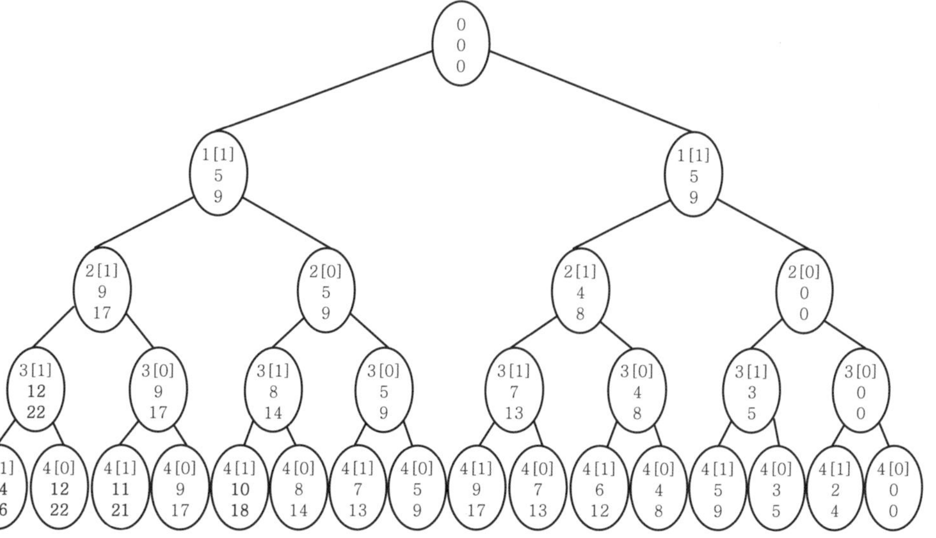

위 이진 트리에서 어느 노드에서 왼쪽 자식 노드는 다음 물건을 선택하는 경우이고, 오른쪽 자식 노드는 다음 노트를 선택하지 않는 경우이다. 한 노드 정보는 다음과 같이 구성된다.

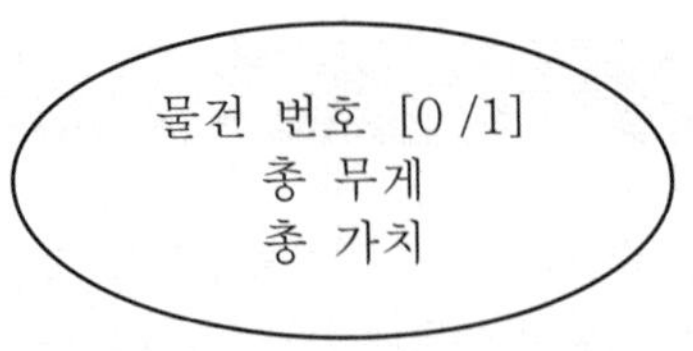

물건 번호 다음에 [0/1] 은 현재 물건을 선택하는 경우는 1 로 표현하고, 물건을 선택하지 않는 경우는 0 으로 표현한 것이다. 이진 트리에서 최 상위에 물건 번호가 0 인 경우는 아무 물건도 선택하지 않은 초기 상태를 나타낸다.

위의 이진 트리에서 가장 마지막에서 10 이하 중에 최대의 가치는 굵은 숫자로 표시된 18 이 구해진다. 나머지 굵은 숫자는 총 무게가 무게 제한인 10 을 넘어간 경우들이다.

```
4 10
1 5 9
2 4 8
3 3 5
4 2 4
```

입력 데이터가 위와 같다. 첫 번째 줄에는 물건의 총 개수와 배낭의 무게 제한이 입력된다. 다음 줄부터는 번호, 무게, 가치 순으로 각 물건의 정보가 한 줄씩 입력된다. 입력 데이터에 대해서 가능한 경우를 다 방문하는 DFS 코드는 다음과 같다.

```
#include <iostream>
#include <algorithm>

using namespace std;

int num[100], weight[100], price[100];
int n, W, mx;
bool path[100], max_path[100];
```

```
void DFS_Knapsack(int x, int iWeight, int iPrice)
{
  if (x == n) {
    // 무게 제한을 넘지 않고, 가치가 가장 큰 경우
    if (iWeight <= W && iPrice > mx) {
      mx = iPrice;
      copy(path, path+n, max_path);
    }
    return;
  }

  // 물건을 담을 때
  path[x] = true;
  DFS_Knapsack(x+1, iWeight+weight[x], iPrice+price[x]);

  // 물건을 담지 않을 때
  path[x] = false;
  DFS_Knapsack(x+1, iWeight, iPrice);

  // 복원
  path[x] = false;
}

int main()
{
  int i;

  cin >> n >> W;
  for (i = 0; i < n; i++) cin >> num[i] >> weight[i] >> price[i];

  DFS_Knapsack(0, 0, 0);
```

```
  // 최대 가치를 갖는 해 출력
  cout << mx << endl;
  for (i = 0; i < n; i++) {
    if (max_path[i]) cout << num[i] << " ";
  }
  cout << endl;

  return 0;
}
```

Lesson3 Cutting

DFS 를 돌릴 때, 현재 무게가 제한을 넘어가면 반복을 중단해야 한다. 무게 제한을 의해서 중단하면 노드는 다음과 같이 확장된다.

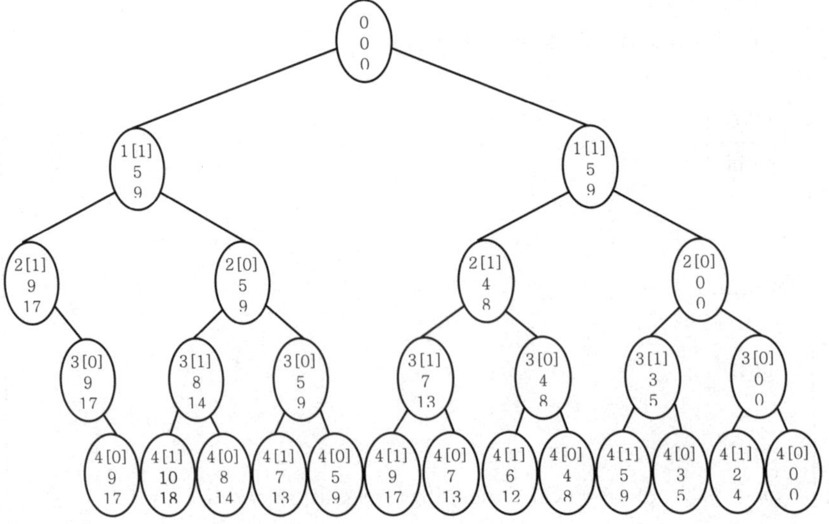

코드에서는 다음과 같이 수정된다.

```
#include <iostream>
#include <algorithm>

using namespace std;

int num[100], weight[100], price[100];
int n, W, mx;
bool path[100], max_path[100];

void DFS_Knapsack(int x, int iWeight, int iPrice)
{
  if (x == n) {
    // 무게 제한을 넘지 않고, 가치가 가장 큰 경우
    if (iWeight <= W && iPrice > mx) {
      mx = iPrice;
      copy(path, path+n, max_path);
    }
    return;
  }

  // 물건을 담을 때
  path[x] = true;
  // 제한 무게 이하인 경우만 확장
  if (iWeight+weight[x] <= W) {
    DFS_Knapsack(x+1, iWeight+weight[x], iPrice+price[x]);
  }

  // 물건을 담지 않을 때
  path[x] = false;
  DFS_Knapsack(x+1, iWeight, iPrice);

  // 복원
```

```
    path[x] = false;
}

int main()
{
    int i;

    cin >> n >> W;
    for (i = 0; i < n; i++) cin >> num[i] >> weight[i] >> price[i];

    DFS_Knapsack(0, 0, 0);

    // 최대 가치를 갖는 해 출력
    cout << mx << endl;
    for (i = 0; i < n; i++) {
        if (max_path[i]) cout << num[i] << " ";
    }
    cout << endl;

    return 0;
}
```

Lesson4 Price per weight

이번에는 방문하는 회수를 줄이기 위해 가상의 최대 가치를 구하여 방문 회수가 최소가 되도록 조절할 것이다. 따라서, 무턱대고 DFS 를 돌리기 보다는 무게당 가치로 일단 정렬하여 물건을 차례대로 사용하도록 한다.

물건 번호	무게	가치	무게당 가치
2	4	8	2.00
4	2	4	2.00
1	5	9	1.80
3	3	5	1.67

위 표는 물건을 무게당 가치순으로 정렬한 표이다. 이때 제한된 무게까지 물건을 쪼개서 최대한 가져갈 수 있는 가상의 최대 가치를 구하도록 한다.

물건 번호	사용한 무게	총 가치
2[4]	0+4 = 4	0+8 = 8
4[2]	4+2 = 6	8+4 = 12
1[4]	6+4 = 10	12+1.80*4 = 19.2

위 표에서 세 번째 물건인 1 번 물건을 담을 때, 현재까지 담은 물건의 무게가 6 이므로 무게 4 까지만 1 번 물건을 쪼개서 담는다고 가정한다. 물론, 이 물건들은 쪼개서 담을 수 없다. 그렇게 가정하고 담을 수 있는 최대한의 이익을 가상으로 계산하는 것이다.

가상으로 계산된 최대 이득을 트리에서 현재 이득의 오른쪽에 괄호 내에 표현하였다. 이 트리에서도 지금까지 구한 최대 이득보다 가상 최대 이득이 적거나 같은 경우는 더 이상 노드를 확장하지 않고 멈추도록 하였다. 가상 최대 이득은 물건을 담을 때 최대 이득이 되도록 구한 값이므로 현재까지 구해진 최대 이득보다 더 적거나 같은 값을 갖는다면 더 좋은 해가 나오기 힘들기 때문에 중단하도록 하는 것이다. 아래 트리에서도 중단된 노드는 확장하지 않았다.

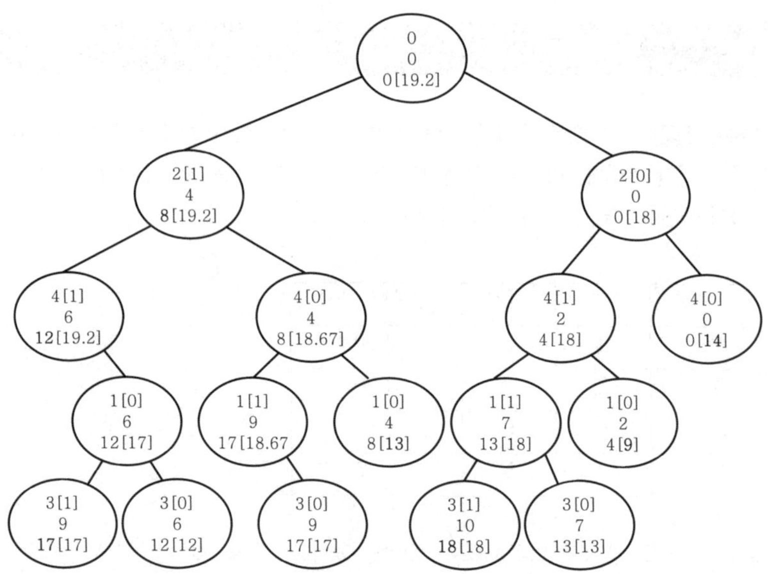

위 트리에서 갱신되는 최대 가치는 순서에 따라 굵은 글씨로 표시된 숫자들이다. 이때 현재 구해진 최대 가치보다 가상의 최대 가치가 작은 경우 노드를 확장하지 않고 멈춘다. 위 그림에서는 가상의 최대 가치가 굵은 숫자로 표현된 노드들이 더 이상 확장을 하지 않고 멈춘 곳이다. 이전의 무작정 DFS 와 비교하면 노드를 방문하는 회수가 더 많이 줄어든 것을 알 수 있다. 코드로 구현하면 다음과 같다.

```
#include <iostream>
#include <algorithm>

using namespace std;

int num[100], weight[100], price[100];
double pr_weight[100];
int n, W, mx;
bool path[100], max_path[100];

// 가상 최대 가치를 구하는 함수
```

```
double calc_price(int x, int iWeight)
{
  int i, wi;
  double r = 0;

  if (x >= n || iWeight >= W) return 0;

  i = x;
  while (i < n && W-iWeight > 0) {
    // 남은 무게와 자신의 무게중 작은 무게로 저장
    wi = min(W-iWeight, weight[i]);
    r += pr_weight[index[i]]*wi;
    iWeight += wi;
    i++;
  }

  return r;
}

void DFS_Knapsack(int x, int iWeight, int iPrice)
{
  double vPrice;

  if (iWeight <= W && iPrice > mx) {
    mx = iPrice;
    copy(path, path+n, max_path);
  }

  if (x >= n) return;

  // 물건을 담을 때
  path[x] = true;
```

```
    vPrice = iPrice+price[index[x]]+
             calc_price(x+1, iWeight+weight[index[x]]);

    // 제한 무게 이하, 가상 최대 가치가 현재의 최대 가치보다 큰 경우
    if (iWeight+weight[index[x]] <= W && vPrice > mx) {
        DFS_Knapsack(x+1, iWeight+weight[index[x]],
                     iPrice+price[index[x]]);
    }

    // 물건을 담지 않을 때
    path[x] = false;
    vPrice = iPrice+calc_price(x+1, iWeight);

    // 제한 무게 이하, 가상 최대 가치가 현재의 최대 가치보다 큰 경우
    if (iWeight <= W && vPrice > mx) {
        DFS_Knapsack(x+1, iWeight, iPrice);
    }

    // 복원
    path[x] = false;
}

int main()
{
    int i, j, sm;

    cin >> n >> W;
    for (i = 0; i < n; i++) {
        cin >> num[i] >> weight[i] >> price[i];

        // 무게당 값어치
        pr_weight[i] = (double)price[i]/weight[i];
```

```
    // 인덱스 정렬을 위해 인덱스 세팅
    index[i] = i;
  }

  // 선택 정렬
  for (i = 0; i < n-1; i++) {
    sm = i;
    for (j = i+1; j < n; j++) {
      if (pr_weight[sm] < pr_weight[j])  sm = j;
    }
    if (sm != i) {
      swap(num[i], num[sm]);
      swap(weight[i], weight[sm]);
      swap(price[i], price[sm]);
      swap(pr_weight[i], pr_weight[sm]);
    }
  }

  DFS_Knapsack(0, 0, 0);

  // 최대 가치를 갖는 해 출력
  cout << mx << endl;
  for (i = 0; i < n; i++) {
    if (max_path[i]) cout << num[index[i]] << " ";
  }
  cout << endl;

  return 0;
}
```

Lesson5 BFS 0-1 knapsack

무게당 가치로 가상 최대 가치를 계산한 방식을 이용하는데 노드를 방문하는 방법을 BFS 식으로 방문하도록 한다. 큐에 넣어서 하나씩 방문하는데 이때, 지금까지 구한 이득보다 최대 가치가 낮은 경우는 큐에서 제거하면서 방문하도록 한다. 그림으로 표현하면 다음과 같다.

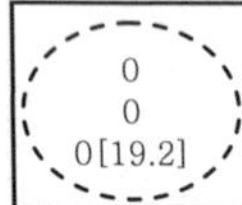

Max(최대 이득) = 0

BFS 로 큐에서 매번 일어나는 작업은 다음과 같다.

1. 큐가 비었으면 실행을 종료하고, 비어 있지 않으면, 큐의 첫 번째 노드를 빼낸다.
2. 이때 빼낸 노드의 가상 최대 이득이 현재 최대 이득보다 작거나 같은 경우는 다시 1. 로 돌아간다.
3. 첫 번째 노드의 최대 가치와 첫 번째 노드 다음 물건을 가방에 담을 때와 담지 않을 때 확장되는 노드를 큐에 추가한다. 추가할 때 무게가 배낭의 제한 무게를 넘는 것과 가상 최대 이득이 현재 최대 이득보다 작거나 같은 것을 큐에 넣지 않도록 한다.
4. 추가되는 이득에 따라 최대 이득을 갱신하고 1. 돌아간다.

처음 초기 상태에서는 최대 이득이 0 이므로, 첫 번째 노드를 삭제하면서, 다음 물건을 방문할 때와 그렇지 않을 때를 넣어주도록 한다. 무게당 가치순으로 정렬된 물건을 사용하므로 처음 사용하는 물건은 2 번 물건이며 다음과 같이 선택하는 노드와 선택하지 않는 노드가 추가된다.

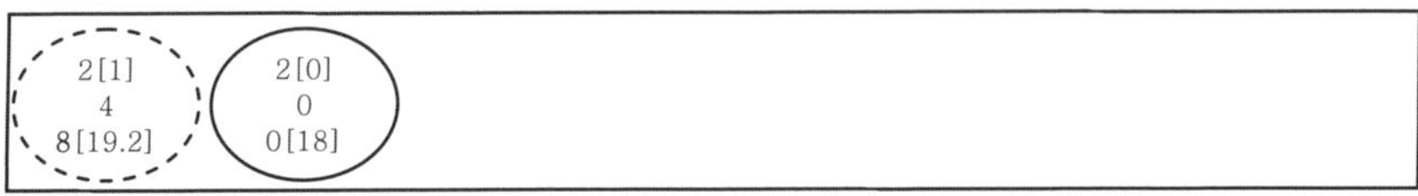

Max = 8

이때, 최대 이득은 추가될 때, 8 로 수정된다.

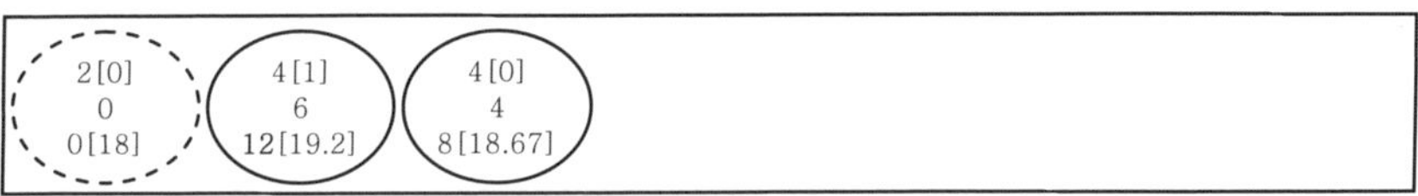

Max = 12

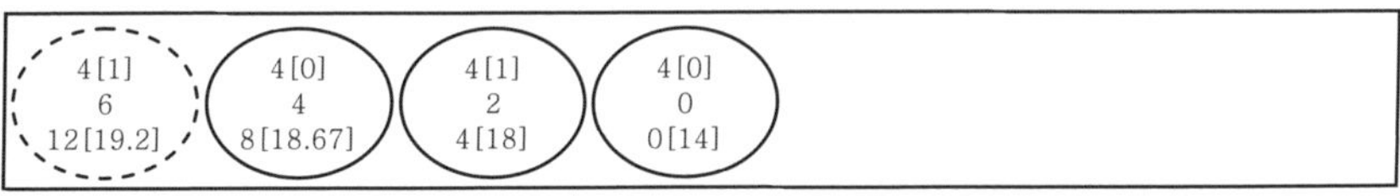

Max = 12

큐에서 제일 처음의 노드를 빼고 다음 물건인 1 번 물건을 집어 넣으면 현재 무게 6 에서 1 번 물건의 무게 5 가 더해져서 11 이 된다. 즉, 무게 제한을 넘어가므로 1 번 물건을 집어넣는 노드가 추가되지 못하고, 넣지 않는 경우만 추가되어 다음과 같이 변한다. 아래 그림은 추가되지 못하는 노드를 회색으로 표시하였다. 실제로는 추가하지 않는다.

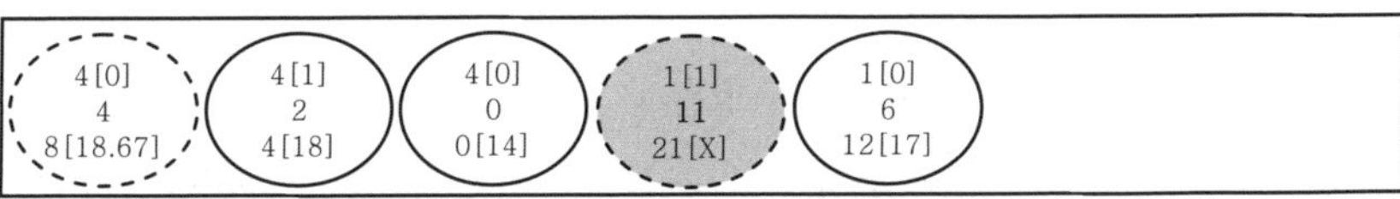

Max = 12

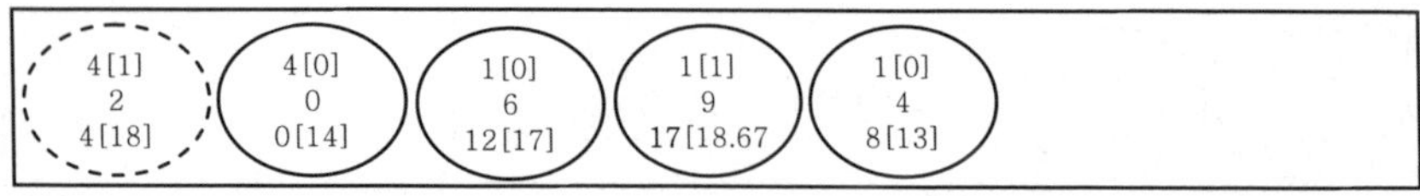

Max = 17

위의 큐에서 첫 번째 노드를 빼면서 넣을 때 1 번 물건을 추가하지 않는 경우 가상 최대 이득이 9 가 되어 현재 이득보다 작으므로 추가하지 않도록 한다. 아래 그림 상에는 현재 이득보다 가상 최대 이득이 작은 노드가 추가되어 있다. 실제로는 추가하지 않는다.

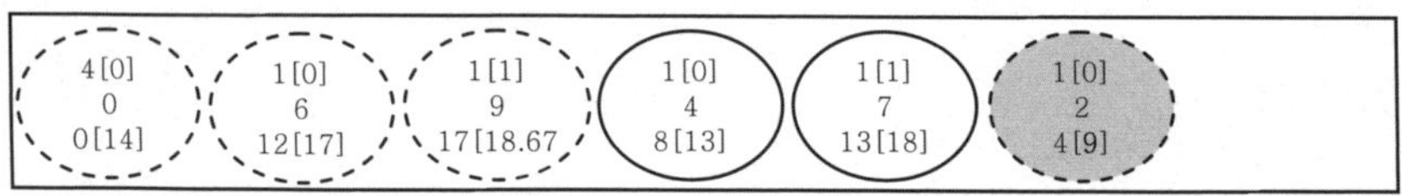

Max = 17

위 큐에서 첫 번째 노드와 두 번째 노드는 최대 가상의 이득이 14 와 17 로서 현재 최대 이득인 17 보다 크지 않으므로 노드를 확장할 필요가 없다. 따라서, 그냥 제거하고 다음 세번째 노드를 빼면서 다음 노드를 확장하도록 한다.

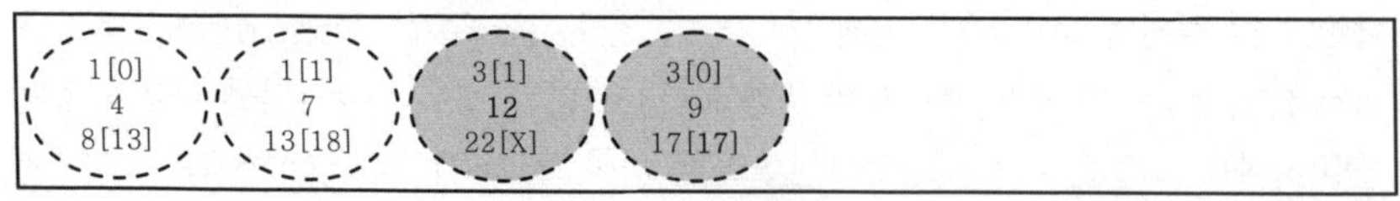

Max = 17

추가되는 노드 모두 제한을 만족하지 못하여 추가되지 못한다. 위 그림 상으로는 이해를 위해 추가한 것이다. 처음 추가되있는 노드는 무게 제한을 만족하지 못하였으며, 두 번째 추가된 노드는 가상 최대 이득이 현재 이득보다 적어서 추가되지 못한다. 제거되는 노드는 첫 번째 노드가 역시 최대 이득보다 가상 최대 이득이 적어서 그냥 제거되며, 두 번째 노드가 제거되면서 노드를 확장하게 된다.

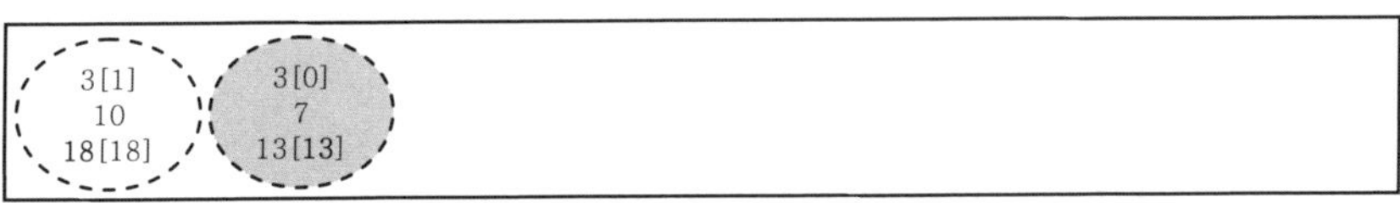

Max = 18

2 개의 노드가 추가되면서, 첫 번째 노드는 최대 이득을 18 로 갱신시킨다. 두 번째 노드는 가상 최대 이득이 13 이 되어 추가되지 못한다. 첫 번째 노드는 넣자마자 큐에서 제거된다. 이때, 더 이상 남은 물건이 없으므로 모든 실행이 종료된다.

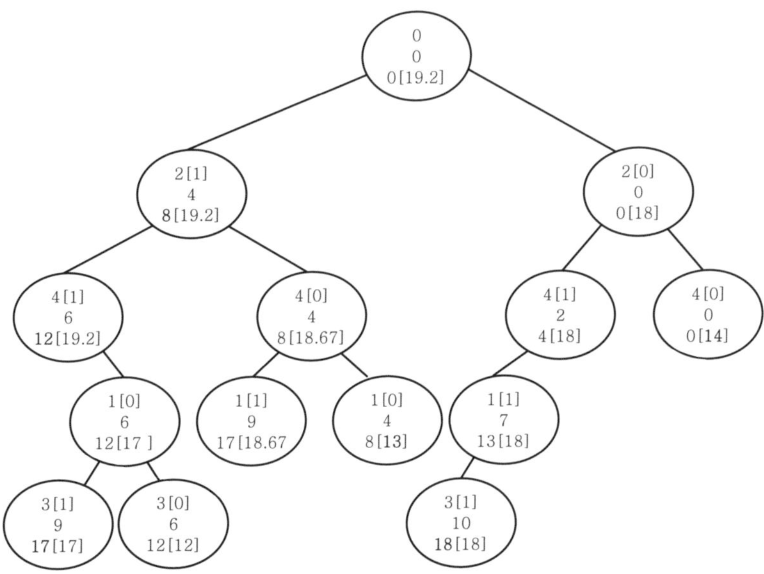

DFS 보다 BFS 는 방문 회수가 조금 줄어든다. 물건이 많을수록 더 많은 노드가 줄어들게 된다. BFS 를 활용한 코드는 다음과 같다.

```
#include <iostream>
#include <algorithm>
#include <deque>
```

```
using namespace std;

int num[100], weight[100], price[100];
double pr_weight[100];
int n, W, mx, mx_index;
bool path[100] = {false};

// 가상 최대 가치를 구하는 함수
double calc_price(int x, int iWeight)
{
  int i, wi;
  double r = 0;

  if (iWeight == W) return 0;

  i = x+1;
  while (i < n && W-iWeight > 0) {
    // 남은 무게와 자신의 무게중 작은 무게로 저장
    wi = min(W-iWeight, weight[i]);
    r += pr_weight[i]*wi;
    iWeight += wi;
    i++;
  }

  return r;
}

void BFS_Knapsack()
{
  // 큐 대신 덱을 사용한다.
  deque <int> q;
  int cnt = 1, x, y;
```

```
int w[1000], p[1000], prev[1000], item[1000];
double vPrice;

// 시작 인덱스를 집어 넣는다.
q.push_back(0);
w[0] = 0;
p[0] = 0;
prev[0] = -1;
item[0] = -1;

while (!q.empty()) {
  x = q.front();

  // 최대 이득일 경우 갱신한다.
  if (p[x] > mx) {
    mx = p[x];
    mx_index = x;
  }

  q.pop_front();

  // 더이상 사용할 물건이 없는 경우 큐에 넣지 않는다.
  if (item[x] == n-1) continue;

  // 다음 물건
  y = item[x]+1;

  vPrice = p[x]+calc_price(item[x], w[x]);

  // 현재 큐에서 제일 처음있는 노드의 가상 이득이
  // 현재 최대 가치보다 작거나 같은 경우는 넘어간다.
  if (vPrice <= mx) continue;
```

```
        // 물건을 담을 때
        vPrice = p[x]+price[y]+calc_price(y, w[x]+weight[y]);

        // 무게 제한을 넘어가면 넣지 않는다.
        // 가상 최대 이득이 최대 값보다 큰 경우 큐에 넣는다.
        if (w[x]+weight[y] <= W && vPrice > mx) {
          w[cnt] = w[x]+weight[y];
          p[cnt] = p[x]+price[y];
          prev[cnt] = x;
          item[cnt] = y;
          q.push_back(cnt);
          cnt++;
        }

        // 물건을 담지 않을 때
        vPrice = p[x]+calc_price(y, w[x]);

        if (vPrice > mx) {
          w[cnt] = w[x];
          p[cnt] = p[x];
          prev[cnt] = x;
          item[cnt] = y;
          q.push_back(cnt);
          cnt++;
        }
      }

      // 출력을 위해서 역추적한다.
      x = mx_index;
      do {
        y = prev[x];
```

```
      if (y == -1) {
        path[item[x]] = w[x] > 0;
      }
      else {
        // 현재 무게가 이전 무게에서 변했다면 물건을 사용한
        // 것이다.
        path[item[x]] = w[x] != w[y];
      }
      x = y;
  } while (x != -1);
}

int main()
{
  int i, j, sm;

  cin >> n >> W;
  for (i = 0; i < n; i++) {
    cin >> num[i] >> weight[i] >> price[i];

    // 무게당 값어치
    pr_weight[i] = (double)price[i]/weight[i];
  }

  // 선택 정렬
  for (i = 0; i < n-1; i++) {
    sm = i;
    for (j = i+1; j < n; j++) {
      if (pr_weight[sm] < pr_weight[j])  sm = j;
    }
    if (sm != i) {
      swap(num[i], num[sm]);
```

```
        swap(weight[i], weight[sm]);
        swap(price[i], price[sm]);
        swap(pr_weight[i], pr_weight[sm]);
      }
    }

    // BFS 호출
    BFS_Knapsack();

    // 최대 가치를 갖는 해 출력
    cout << mx << endl;
    for (i = 0; i < n; i++) {
      if (path[i]) cout << num[i] << " ";
    }
    cout << endl;

    return 0;
}
```

Lesson6 PFS 0-1 knapsack

PFS(Priority First Search) 는 BFS 와 같이 큐를 사용하는데 우선순위 (Priority) 큐를 사용한다. 현재 큐에 존재하는 노드들 중에서 문제에 가장 적합한 솔루션을 큐에서 제거하는 알고리즘이다.

0-1 knapsack 문제에 적용하자면, 노드에서 최대 이득이 가장 높은 것을 큐에서 제거하는 것이다. 만일, 최대 이득이 같다면 먼저 큐에 삽입된 노드를 제거하도록 한다. 이전 데이터를 사용하여 다시 큐에서 제거하는 것을 살펴보도록 하자.

0
0
0[19.2]

Max(최대 이득) = 0

가장 처음에 삽입된 노드에서 첫 번째 노드를 제거하면서, 다음 물건을 배낭에 넣을 때와 그렇지 않은 경우로 BFS 때와 똑같이 넣도록 한다.

2[1] 4 8[19.2]
2[0] 0 0[18]

Max = 8

현재 추가된 노드에서는 최대 이득이 가장 큰 노드가 가장 앞에 있는 노드이다.

현재까지의 최대 이득은 BFS 때와 같이 입력되는 노드를 추가할 때 갱신된다. 큐에 추가되지 못하는 제한도 BFS 와 동일하다.

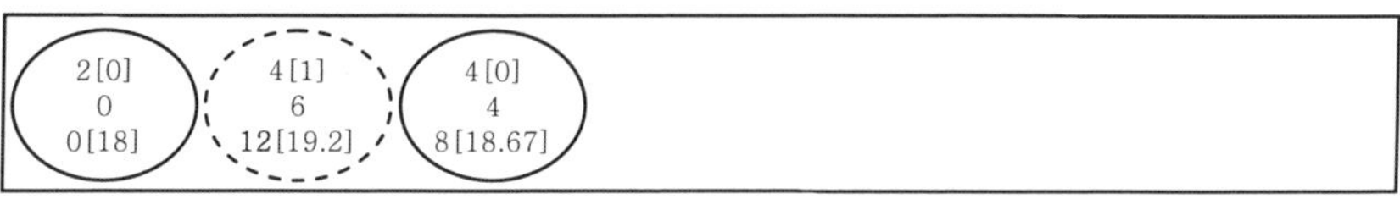

Max = 12

위 그림에서는 큐에서 가장 앞에 노드가 제거되지 않고, 가상 최대 이득이 가장 좋은 두 번째 노드를 제거하면서 다음 물건을 추가한다.

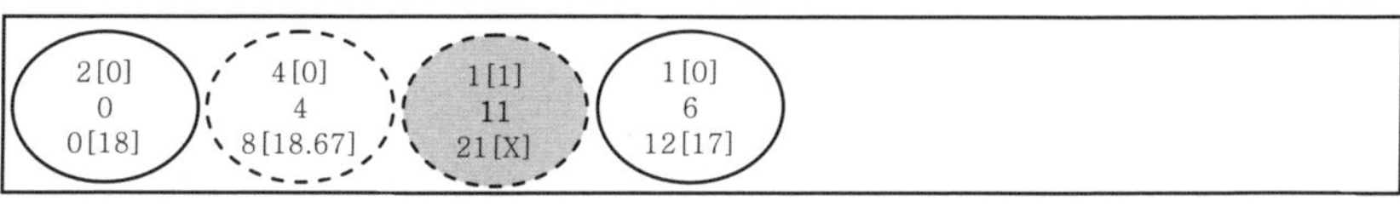

Max = 12

방금 추가된 두 개의 노드 중에서 위에서 회색으로 표시된 노드는 무게 제한을 넘어서 추가 되지 못하는 노드를 표현한 것이다. 위 큐에서는 가상 최대 이득이 가장 높은 두 번째 노드가 다시 제거되면서 그 다음 물건을 사용한다.

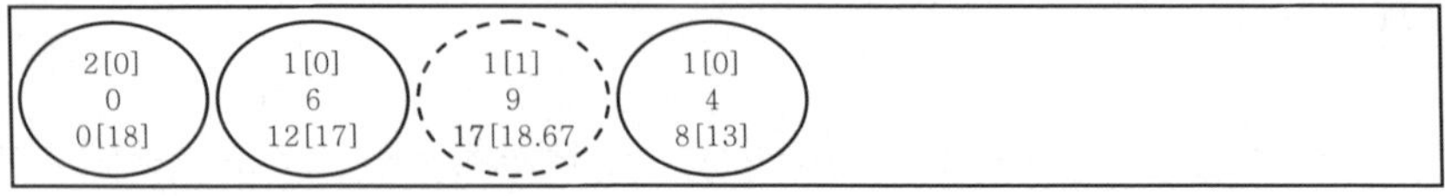

Max = 17

현재의 최대 이득은 갱신되고, 다음으로 가상의 최대 가치가 높은 세번째 노드가 제거된다.

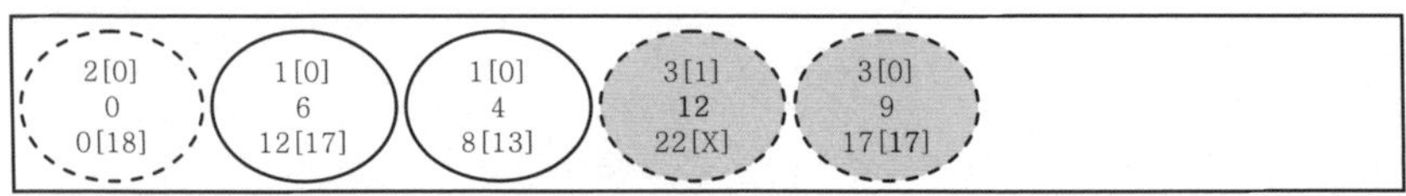

Max = 17

새로 추가된 두 노드 중에서 첫 번째 노드는 무게 제한을 넘어갔고, 두 번째 노드는 현재 최대 이득인 17 보다 크지 못하므로 추가되지 못한다. 남은 3 개의 노드에서는 가상 최대 이득이 큰 첫 번째 노드가 제거된다.

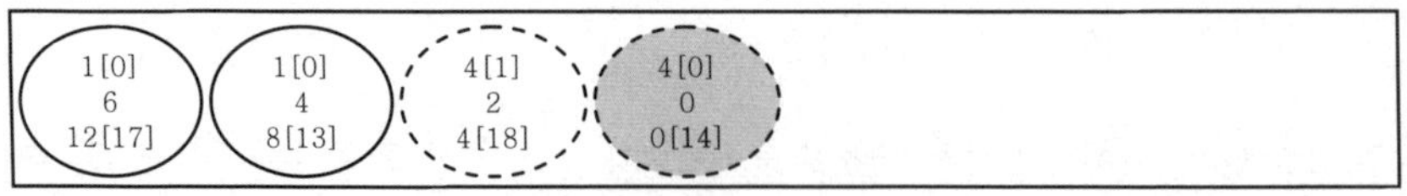

Max = 17

추가되는 두 번째 노드는 가상의 최대 이득이 현재 최대 이득보다 적어서 추가되지 못한다. 남은 3 개의 노드에서 가상 최대 이득이 18 인 세번째 노드가 다시 제거된다.

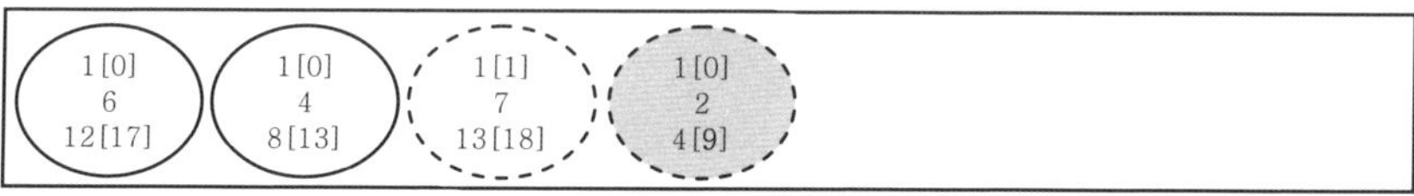

Max = 17

추가된 두 노드 중 두 번째 노드는 가상 최대 이득이 현재 이득보다 좋지 못해 추가되지 못한다. 남은 노드 중에서 가장 좋은 것이 방금 추가된 세 번째 노드이다. 다시 세 번째 노드를 제거한다.

Max = 18

추가되는 두 번째 노드는 역시 가상 최대 이득이 좋지 못하여 추가되지 못한다. 최대 이득이 18 로 갱신되며, 세 번째 노드를 제거한다. 이때 세 번째 노드의 가상 최대 이득이 현재의 최대 이득보다 좋지 못하므로 그냥 제거만 하도록 한다. 즉, 다음과 같이 큐에는 2 개의 노드만 남게 된다.

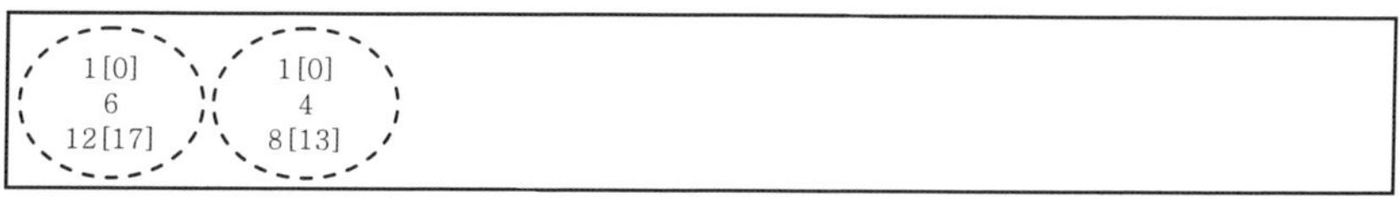

Max = 18

남아 있는 노드들은 최대 이득이 좋은 것부터 첫 번째 노드와 두 번째 노드가 차례대로 제거된다. 가상의 최대 이득이 현재의 최대 이득보다 좋지 못하므로 둘다 그냥 제거된다. 지금까지 확장된 노드를 이진 트리로 표현하면 다음과 같다.

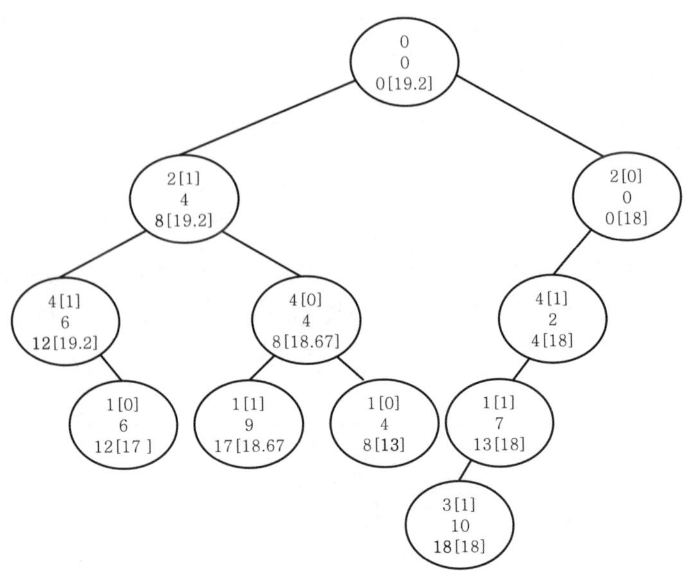

위 구조는 이제까지 방문했던 모든 트리 중에서 가장 적은 노드를 방문한다. PFS 에서 우선 순위를 적용할 때 현재 이득이 좋은 것부터 선택할 수도 있고, 가상의 최대 이득이 좋은 것부터 선택할 수도 있다. PFS 로 구현된 코드는 다음과 같다.

```
#include <iostream>
#include <algorithm>
#include <deque>

using namespace std;

int num[100], weight[100], price[100];
double pr_weight[100];
int n, W, mx, mx_index;
bool path[100] = {false};

// 가상 최대 가치를 구하는 함수
double calc_price(int x, int iWeight)
```

```
{
  int i, wi;
  double r = 0;

  if (iWeight == W) return 0;

  i = x+1;
  while (i < n && W-iWeight > 0) {
    // 남은 무게와 자신의 무게중 작은 무게로 저장
    wi = min(W-iWeight, weight[i]);
    r += pr_weight[i]*wi;
    iWeight += wi;
    i++;
  }

  return r;
}

void PFS_Knapsack()
{
  // 큐 대신 덱을 사용한다.
  deque <int> q;
  deque <int>::iterator it, mmxi;
  int cnt = 1, x, y, mmx;
  int w[1000], p[1000], prev[1000], item[1000];
  double vPrice;

  // 시작 인덱스를 집어 넣는다.
  q.push_back(0);
  w[0] = 0;
  p[0] = 0;
  prev[0] = -1;
```

```
item[0] = -1;
mx = mx_index = 0;

while (!q.empty()) {
  // 큐에 남은 노드 중에서 이득이 가장 큰 노드를 구한다.
  mmx = p[q.front()];
  mmxi = q.begin();
  for (it = q.begin(); it != q.end(); ++it) {
          if (p[*it] > mmx) {
      mmx = p[*it];
      mmxi = it;
    }
        }

  // 인덱스의 값을 제거한다.
  x = *mmxi;
  q.erase(mmxi);

  // 더이상 사용할 물건이 없는 경우 큐에 넣지 않는다.
  if (item[x] == n-1) continue;

  // 다음 물건
  y = item[x]+1;

  vPrice = p[x]+calc_price(item[x], w[x]);

  // 현재 큐에서 제일 처음있는 노드의 가상 이득이
  // 현재 최대 가치보다 작거나 같은 경우는 넘어간다.
  if (vPrice <= mx) continue;

  // 물건을 담을 때
  vPrice = p[x]+price[y]+calc_price(y, w[x]+weight[y]);
```

```
// 무게 제한을 넘어가면 넣지 않는다.
// 가상 최대 이득이 최대 값보다 큰 경우 큐에 넣는다.
if (w[x]+weight[y] <= W && vPrice > mx) {
  w[cnt] = w[x]+weight[y];
  p[cnt] = p[x]+price[y];
  prev[cnt] = x;
  item[cnt] = y;
  // 최대 이득일 경우 갱신한다.
  if (p[cnt] > mx) {
    mx = p[cnt];
    mx_index = cnt;
  }
  q.push_back(cnt);
  cnt++;
}

// 물건을 담지 않을 때
vPrice = p[x]+calc_price(y, w[x]);

if (vPrice > mx) {
  w[cnt] = w[x];
  p[cnt] = p[x];
  prev[cnt] = x;
  item[cnt] = y;
  // 최대 이득일 경우 갱신한다.
  if (p[cnt] > mx) {
    mx = p[cnt];
    mx_index = cnt;
  }
  q.push_back(cnt);
  cnt++;
```

```
    }
  }

  // 출력을 위해서 역추적한다.
  x = mx_index;
  do {
    y = prev[x];
    if (y == -1) {
      path[item[x]] = w[x] > 0;
    }
    else {
      // 현재 무게가 이전 무게에서 변했다면 물건을 사용
       path[item[x]] = w[x] != w[y];
    }
    x = y;
  } while (x != -1);
}

int main()
{
  int i, j, sm;

  cin >> n >> W;
  for (i = 0; i < n; i++) {
    cin >> num[i] >> weight[i] >> price[i];

    // 무게당 값어치
    pr_weight[i] = (double)price[i]/weight[i];
  }

  // 선택 정렬
  for (i = 0; i < n-1; i++) {
```

```
    sm = i;
    for (j = i+1; j < n; j++) {
      if (pr_weight[sm] < pr_weight[j])  sm = j;
    }
    if (sm != i) {
      swap(num[i], num[sm]);
      swap(weight[i], weight[sm]);
      swap(price[i], price[sm]);
      swap(pr_weight[i], pr_weight[sm]);
    }
  }

  // PFS 호출
  PFS_Knapsack();

  // 최대 가치를 갖는 해 출력
  cout << mx << endl;
  for (i = 0; i < n; i++) {
    if (path[i]) cout << num[i] << " ";
  }
  cout << endl;

  return 0;
}
```

 Lesson7 Dynamic 0-1 knapsack

0-1 knapsack 을 Dynamic 으로 처리해 볼 수 있다. 먼저 사용할 배열의 의미부터 정의하자.

d[i][j] : i 개의 물건이 존재하고, 제한 무게가 j 일 경우의 최대 가치

$$d[i][j] = \begin{cases} max(d[i-1][j], p[i] + d[i-1][j-w[i]]) & (w[i] \le j) \\ d[i-1][j] & (w[i] > j) \end{cases}$$

위 점화식을 해석해보면, i 번째 물건의 무게가 w[i], 가치가 p[i] 일 때, 아래에 있는 값은 현재의 무게 제한 j 를 w[i] 가 넘어가면 무조건 배낭에 물건을 넣을 수 없기 때문에 d[i][j] = d[i-1][j] 가 된다. 즉, i 번째 물건을 뺀 i-1 개의 물건으로 구한 최대 가치와 별 차이가 없게 된다.

위에 있는 식은 i-1 개의 물건으로 제한 무게 j 를 만족하는 최대의 값 d[i-1][j] 와 i 번째 물건을 넣는 경우인 d[i-1][j]와 i-1 개의 물건으로 i 번째 물건의 무게 w[i]를 무게 제한에서 뺀 j-w[i] 를 만족하는 최대 가치 d[i-1][j-w[i]] 와의 합계 p[i]+d[i-1][j-w[i]] 중에 더 큰 값을 저장하게 된다.
역추적을 위해서 p[i][j] 에는 i 번째 물건이 현재 최대 가치를 구하는데 사용이 되었다면 true 로 저장하고, 사용되지 않았다면 false 로 저장해준다.

이때, 무작정 물건의 개수 n 개, 제한 무게 W 까지 모두 구한다면 시간은 n*W 이 소모된다. 그러나, 가장 마지막 물건부터 역추적으로 구한다면 실제 사용되는 배열의 원소는 그렇게 많지 않다. 즉, 소모 시간을 줄일 수 있다.

물건 번호	무게	가치
1	5	9
2	4	8
3	3	5
4	2	4

Dynamic 으로 해결할 때는 각 물건의 무게당 가치가 필요 없다. 제한 무게 W 가 10 일 때, 우리가 구해야할 가장 마지막 값은 다음과 같다.

d[4][10]

첫 번째 물건은 무게가 5 이므로 현재 구하고자 하는 무게 10 보다 작으므로 이전의 점화식에서 윗 부분에 해당된다. 즉, 다음과 같이 쓸 수 있다.

d[4][10] = max(d[3][10], p[4]+d[3][10−w[4]]) (w[4] ≤ 10)

네 번째 물건의 무게 w[4] = 2 이고, 가치 p[4] = 4 이다. 따라서, d[4][10] 을 계산하기 위해서는 **d[3][10]** 과 d[3][10−w[4]] = d[3][10−2] = **d[3][8]** 이다. 이 두 개의 값은 다음과 같이 계산된다.
d[3][10] = max(d[2][10], p[3]+d[2][10−w[3]]) (w[3] ≤ 10)
d[3][8] = max(d[2][8], p[3]+d[2][8−w[3]]) (w[3] ≤ 8)

위 식에서 사용되는 세 번째 물건의 무게 w[3] = 3 이고, 가치 p[3] = 5 이다. w[3] 을 위의 식에 대입하면 d[2][10−(w[3] = 3)] 과 d[2][8−(w[3] = 3)] 으로 d[2][7] 과 d[2][5] 가 된다. 따라서, 필요한 원소는 **d[2][10], d[2][8], d[2][7], d[2][5]** 이다. 이 번에 사용할 두 번째 원소의 무게는 4 로서 모두 현재 원소의 무게 제한 보다는 작다. 따라서, 다시 다음과 같이 표현할 수 있다.

d[2][10] = max(d[1][10], p[2]+d[1][10−w[2]]) (w[2] ≤ 10)
d[2][8] = max(d[1][8], p[2]+d[1][8−w[2]]) (w[2] ≤ 8)
d[2][7] = max(d[1][7], p[2]+d[1][7−w[2]]) (w[2] ≤ 7)
d[2][5] = max(d[1][5], p[2]+d[1][5−w[2]]) (w[2] ≤ 5)

이번 식에서 필요한 원소를 w[2] = 4 를 적용해서 계산하면 d[1][10−(w[2] = 4)], d[1][8−(w[2] = 4)], d[1][7−(w[2] = 4)], d[1][5−(w[2] = 4)] 로서 d[1][6], d[1][4], d[1][3], d[1][1] 로 계산된다. 다시 필요한 원소는 **d[1][10], d[1][8], d[1][7], d[1][6], d[1][5], d[1][4], d[1][3], d[1][1]** 이다. 첫 번째 물건의 무게 w[1] = 5 로서 다시 식에 적용하면 다음과 같이 계산된다.

d[1][10] = max(d[0][10], p[1]+d[0][10−w[1]]) (w[2] ≤ 10)
d[1][8] = max(d[0][8], p[1]+d[0][8−w[1]]) (w[2] ≤ 8)
d[1][7] = max(d[0][7], p[1]+d[0][7−w[1]]) (w[2] ≤ 7)
d[1][6] = max(d[0][6], p[1]+d[0][6−w[1]]) (w[2] ≤ 6)
d[1][5] = max(d[0][5], p[1]+d[0][5−w[1]]) (w[2] ≤ 5)
d[1][4] = d[0][4] (w[1] 〉 4)
d[1][3] = d[0][3] (w[1] 〉 3)
d[1][1] = d[0][1] (w[1] 〉 1)

w[1] = 5 를 적용하면 필요한 원소가 **d[0][10], d[0][8], d[0][7], d[0][6], [0][5], d[0][4], d[0][3], d[0][2], d[0][1], d[0][0]** 이다. 물건을 선택하지 않을 때의 최대 가치는 모두 0 이므로 다시 값을 대입하여 거꾸로 계산해보자.

d[0][10] = 0
d[0][8] = 0
d[0][7] = 0
d[0][6] = 0
d[0][5] = 0
d[0][4] = 0
d[0][3] = 0
d[0][2] = 0
d[0][1] = 0
d[0][0] = 0

이들 값을 기준으로 1 번 물건을 사용하는 값들 중 필요한 원소를 계산해보자. 1 번 물건의 무게 w[1] = 5, 가치 p[1] = 9

d[1][10] = max(d[0][10], p[1]+d[0][10−w[1]])
　　　= max(d[0][10], 9+d[0][5]]) = max(0, 9+0)
　　　= 9 (w[2] ≤ 10)
d[1][8] = max(d[0][8], p[1]+d[0][8−w[1]])
　　　= max(d[0][8], 9+d[0][3]]) = max(0, 9+0)

$= 9 \quad (w[2] \le 8)$

$d[1][7] = max(d[0][7],\ p[1]+d[0][7-w[1]])$

$= max(d[0][7],\ 9+d[0][2]]) = max(0,\ 9+0)$

$= 9 \quad (w[2] \le 7)$

$d[1][6] = max(d[0][6],\ p[1]+d[0][6-w[1]])$

$= max(d[0][6],\ 9+d[0][1]]) = max(0,\ 9+0)$

$= 9 \quad (w[2] \le 6)$

$d[1][5] = max(d[0][5],\ p[1]+d[0][0])$

$= max(d[0][5],\ 9+d[0][0]]) = max(0,\ 9+0)$

$= 9 \quad (w[2] \le 5)$

$d[1][4] = 0 \quad (w[1] > 4)$

$d[1][3] = 0 \quad (w[1] > 3)$

$d[1][1] = 0 \quad (w[1] > 1)$

이제 2 번 물건을 대입해보자. 2 번 물건의 무게 w[2] = 4 이고, 가치 p[2] = 8 이다.

$d[2][10] = max(d[1][10],\ p[2]+d[1][10-w[2]])$

$= max(d[1][10],\ 8+d[1][6]]) = max(9,\ 8+9)$

$= 17 \quad (w[2] \le 10)$

$d[2][8] = max(d[1][8],\ p[2]+d[1][8-w[2]])$

$= max(d[1][8],\ 8+d[1][4]]) = max(9,\ 8+0)$

$= 9 \quad (w[2] \le 8)$

$d[2][7] = max(d[1][7],\ p[2]+d[1][7-w[2]])$

$= max(d[1][7],\ 8+d[1][3]]) = max(9,\ 8+0)$

$= 9 \quad (w[2] \le 7)$

$d[2][5] = max(d[1][5],\ p[2]+d[1][5-w[2]])$

$= max(d[1][5],\ 8+d[1][1]]) = max(9,\ 8+0)$

$= 9 \quad (w[2] \le 5)$

다음으로 3 번 물건을 적용해보자. 3 번 물건의 무게 w[3] = 3, 가치 p[3] = 5 이다.

$d[3][10] = max(d[2][10],\ p[3]+d[2][10-w[3]])$

= max(d[2][10], 5+d[2][7]) = max(17, 5+9)

= 17 (w[3] ≤ 10)

d[3][8] = max(d[2][8], p[3]+d[2][8−w[3]])

= max(d[2][8], 5+d[2][5]) = max(9, 5+9)

= 14 (w[3] ≤ 8)

마지막으로 4 번 물건을 적용해보자. 4 번 물건의 무게 w[4] = 2, 가치 p[4] = 4 이다.

d[4][10] = max(d[3][10], p[4]+d[3][10−w[4]])

= max(d[3][10], 4+d[3][8]) = max(17, 4+14)

= 18 (w[4] ≤ 10)

이와 같은 방식대로 필요한 원소의 위치를 구하여 역으로 다시 구하면 시간을 줄일 수 있다. 따라서, 확장되는 가지를 트리와 같이 표현하면 다음과 같다.

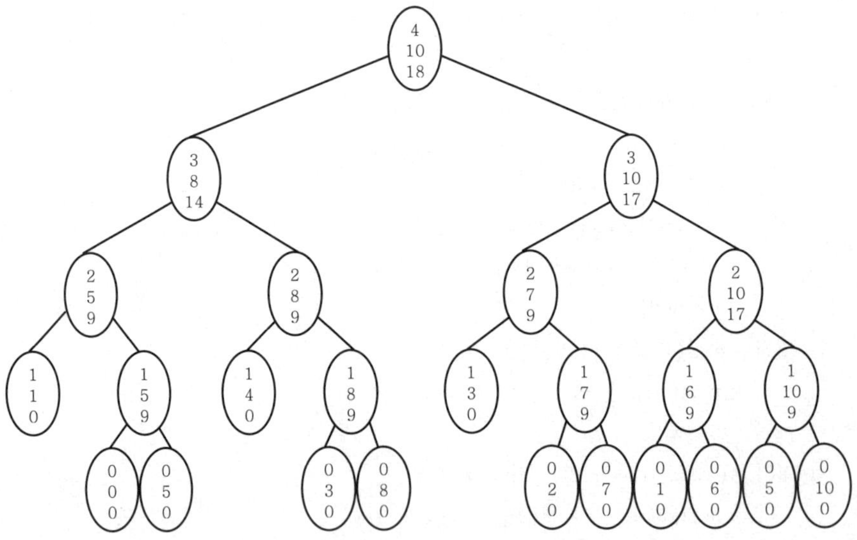

위 트리 구조는 실제로는 하향식으로 보이지만, 밑으로 하향식으로 전개되었다가 다시 상향식으로 돌아오면서 최적의 값이 구해진다. 예제 데이터의 구조상 모두 다른 배열을 이용하게 되었지만, 실제 문제에서는 동일한 위치의 값을 사용하게 되면, 이전에 구해둔 위치의 값을 다시 구하지 않으므로 동적 계획법으로 처리되는 것이다.

동적 계획법으로 구현한 코드는 다음과 같다.

```
#include <iostream>
#include <algorithm>

using namespace std;

int d[100][100];
bool path[100][100];
int w[100], p[100];
int m;

int Dynamic(int n, int weight)
{
  int dy;
  if (d[n][weight] != -1) return d[n][weight];

  // 물건의 사용하기 전의 값을 구하여 저장한다.
  d[n][weight] = Dynamic(n-1, weight);

  // 물건의 무게보다 저장 가능한 무게 이하인 경우
  if (w[n] <= weight) {
    dy = Dynamic(n-1, weight-w[n]);
    if (d[n][weight] < p[n]+dy) {
      d[n][weight] = p[n]+dy;
      path[n][weight] = true;
    }
  }

  return d[n][weight];
}

// 사용한 물건을 출력하기 위해서 역 추적한다.
```

```
void Pathing(int n, int weight)
{
  if (n <= 0) return;

  if (path[n][weight]) {
    Pathing(n-1, weight-w[n]);
    cout << n+1 << " ";
  }
  else Pathing(n-1, weight);
}

int main()
{
  int n, i, t;

  cin >> n >> m;

  // 물건을 사용할 때는 현재 0 으로 초기화되어 있다.
  // 다른 값은 아직 구하지 않았으므로 모두 -1 로 초기화해준다.
  for (i = 1; i <= n; ++i) fill(d[i], d[i]+m+1, -1);

  for (i = 1; i <= n; i++) cin >> t >> w[i] >> p[i];

  cout << Dynamic(n, m) << endl;
  Pathing(n, m);
  cout << endl;

  return 0;
}
```

이제 0-1 knapsack 관련 문제를 풀어보자.

Lesson8 UVA431 천년의 재판

"천년의 재판"으로 알려진 곳에서, 뉴지대 주립 법원은 주립 법원 시스템을 만들기 전에는 최고의 프로필 사건만 처리하고 있다. "세기의 재판"에 참여했던 사람들의 경험 덕택에, 뉴지대 주 법관은 법정 진행에 있어서 정체되는 상황을 피하기 위하여 몇 가지 새로운 규칙을 도입하기로 결정했다. 새로운 규칙은 각 팀이 사건에 증거를 제출하는데 허용되는 전체 시간 제한이 핵심이다.

각 팀은 논증을 개시하는 데는 8 시간, 증거를 제출하는 데는 240 시간, 논증을 마무리하는 데는 16 시간이 허용될 것이다. 이러한 바탕의 규칙에서, 법원은 판정할 사건이 다섯 달 미만으로 줄어들기를 바란다. 이러한 규칙은 빠른 재판을 가능하게 하겠지만, 검사 팀과 변호인 팀 둘 모두에게 크나큰 도전 과제가 된다. 두 팀 모두 배심원에게 더욱 설득력있고 이해가능한 증거를 제공하여 할당된 시간을 최대한 활용하는 방법을 찾아내야만 한다.

검사 팀을 돕기 위한 결정 제공 시스템을 개발하기 위해 뉴지대 주 변호사 사무소에 계약된 당신은 제출할 증거물들 중에서 어떠한 것을 선택할 것인지에 대한 전략을 수립해야 한다. 이 시스템은 제출 시간 제한을 갖는 향후의 재판을 위해 대단히 유용할 것으로 판명되었기 때문에, 주 변호사 사무소는 다른 사건들도 충분히 처리할 정도로 유연한 시스템의 개발을 당신에게 요청했다.

결정 제공 시스템은 검사 팀이 개별 증거에 할당된 점수와 판정에서 증거 제출과 관련된 시간을 기초로 하여 증거를 선택할 것이다. 더 중요한 증거는 더 높은 점수를 갖는 것이다. 검사 팀은 가장 높은 점수를 갖는 증거를 찾아내야만 한다.

입력

입력은 각 검사 팀이 다음에 서술할 사건들의 개수를 나타내는 양의 정수로 시작한다. 다음 줄에는 빈 줄이 하나 입력되며, 각 사건들 사이에는 빈 줄이 삽입되어 있다.
결정 제공 시스템의 입력은 증거 제출에 허용된 총 시간이 입력되고 검사가 갖는 모든 증거에 대한 데이터들이 다음 줄부터 입력된다. 사건 데이터의 첫 번째 부분은 점수, 두 번째 부분은 제출에 필요한 시간, 세 번째 부분은 사건 설명으로 구성된다. 각 부분들은 공백으로 구분되며, 세 번째 부분은 내부에 공백들이 포함될 수 있다.

점수는 1 ~ 10 사이의 정수로 표현되며, 시간은 "시" 단위로 입력된다. 어떤 재판에서도 증거 제출에 허용된 총 시간은 각 팀에 대해 480 시간을 넘지 않을 것이다. 증거의 총 개수는 100 개 이하이며, 사건 설명의 길이는 68 자 이하로 구성된다. 증거 데이터에서 증거의 순서는 상관없다.

출력

각 사건에 대해서, 다음 설명대로 출력해야만 한다. 각 사건의 출력 결과 사이에는 빈 줄을 하나씩 삽입하여라.

출력은 각 증거의 비용, 전체 점수, 제출하는 총 시간으로 구성되는 증거 목록으로 구성된다. 열과 총계에는 출력 예제와 같은 형식으로 이름을 각각 출력해야 한다. 허용된 시간 내에 제출될 증거가 없다면, 프로그램은 다음과 같은 한 줄의 메시지를 출력해야 한다.

There is not enough time to present any evidence. Drop the charges.

입력 예제

```
1

240
5 4 Inspector supervising evidence collection at the crime scene
3 4 Crime scene photos
4 8 411 operator recording
3 8 Officer who arrested defendant in a previous incident
2 8 Victim's neighbor 2
1 8 Victim's neighbor 3
6 40 The victim's cousin
```

```
8 48 The defendant's current housemate
10 60 Coroner's report
5 16 SCSD Crime Lab technician 1
4 16 Taxi cab driver
2 16 SCSD Crime Lab technician 2
1 16 The defendant's personal trainer
5 24 Officer responsible for making the arrest
3 24 Victim's neighbor 1
2 24 The victim's supervisor at work
1 24 Pizza delivery person
3 1 A discarded plastic fork at the crime scene
5 32 The victim's brother
7 40 The victim's personal physician
1 1 An email the victim sent to his cousin the week before the incident
2 2 Bloody sock
6 64 Blood analysis results by chief criminalist of the SCSD Crime Lab
```

출력 예제

```
Score  Time  Description
-----  ----  -----------
  3     1    A discarded plastic fork at the crime scene
  1     1    An email the victim sent to his cousin the week before the
incident
  2     2    Bloody sock
  5     4    Inspector supervising evidence collection at the crime scene
  3     4    Crime scene photos
  4     8    411 operator recording
  3     8    Officer who arrested defendant in a previous incident
  2     8    Victim's neighbor 2
```

```
 5    16   SCSD Crime Lab technician 1
 4    16   Taxi cab driver
 5    24   Officer responsible for making the arrest
 7    40   The victim's personal physician
 8    48   The defendant's current housemate
10    60   Coroner's report

Total score: 62 points
 Total time: 240 hours
```

* 위 입력 예제와 출력 예제에서 사건의 설명 부분이 이 책의 칸이 적어서 다음칸에 나오나 실제 출력에서는 한 줄로 출력되어야 한다.

메모장

 **풀이**

0-1 knapsack 의 Dynamic 알고리즘을 해결한다. 코드는 다음과 같다.

```
#include <iostream>
#include <iomanip>
#include <algorithm>
#include <string>
#include <sstream>
#include <vector>

using namespace std;

int T, num, times[101], score[101];
string descript[101];
int d[101][241];
bool path[101][241];
vector<int> p;

int Dynamic(int n, int t)
{
  int dy;

  if (d[n][t] != -1) return d[n][t];

  // 사건을 처리하기 전의 값을 구하여 저장한다.
  d[n][t] = Dynamic(n-1, t);

  // 사건의 시간이 허용된 시간 이하인 경우
  if (times[n] <= t) {
    dy = Dynamic(n-1, t-times[n]);
    if (d[n][t] < score[n]+dy) {
      d[n][t] = score[n]+dy;
```

```
        path[n][t] = true;
      }
    }

    return d[n][t];
}

// 선택한 사건을 출력하기 위해서 역 추적한다.
void Pathing(int n, int t)
{
    if (n <= 0) return;

    if (path[n][t]) {
      Pathing(n-1, t-times[n]);
      // 선택된 사건을 벡터에 추가해준다.
      p.push_back(n);
    }
    else Pathing(n-1, t);
}

int main()
{
    int icase, i, j, sm, tscore, ttime;
    string s;

    cin >> icase;
    cin.get();
    cin.get();

    // 테스트 데이터 만큼
    while (icase--) {
      cin >> T;
```

```
cin.get();
num = 1;
while (1) {
  getline(cin, s);
  if (s == "" || cin.eof()) break;

  istringstream is(s);
  is >> score[num] >> times[num];
  is.get();
  getline(is, descript[num++]);
}
--num;

for (i = 1; i <= num; i++) {
  fill(d[i], d[i]+T+1, -1);
  fill(path[i], path[i]+T+1, false);
}

Dynamic(num, T);

if (d[num][T] == 0) {
  cout << "There is not enough time to present any ";
  cout << "evidence. Drop the charges." << endl;
}
else {
  p.clear();
  Pathing(num, T);

  // 출력 예제와 같이 시간이 더적게 걸리는 사건
  // 시간이 같다면 점수가 더 높은 사건 순으로 정렬한다.
  for (i = 0; i < p.size()-1; i++) {
    sm = i;
```

```
        for (j = i+1; j < p.size(); j++) {
          if ((times[p[sm]] > times[p[j]]) ||
              (times[p[sm]] == times[p[j]] &&
               score[p[sm]] < score[p[j]])) {
            sm = j;
          }
        }
        swap(p[i], p[sm]);
      }

      // 출력 형식에 맞춰 출력
      cout << "Score  Time  Description" << endl;
      cout << "-----  ----  -----------" << endl;
      tscore = ttime = 0;
      for (i = 0; i < p.size(); i++) {
        cout << setw(3) << score[p[i]] << "    ";
        cout << setw(3) << times[p[i]] << "   ";
        cout << descript[p[i]] << endl;
        // 선택된 사건들의 총 점수와 시간을 구한다.
        tscore += score[p[i]];
        ttime  += times[p[i]];
      }
      cout << endl;
      cout << "Total score: " << tscore << " points" << endl;
      cout << " Total time: " << ttime << " hours" << endl;
    }

    if (icase) cout << endl;
  }

  return 0;
}
```

Lesson9 UVA10130 슈퍼 세일

슈퍼 하이퍼 마켓에는 슈퍼 세일이 있다. 누구나 다 한 종류에 대해서는 하나의 물건만 가져갈 수 있다. 예를 들면, 저가 품목을 제외한 TV 한 대나 당근 하나 등이다. 한 가족 전체가 슈퍼 하이퍼 마켓으로 쇼핑을 갔다. 가족 구성원이 슈퍼 세일을 통해 가져올 수 있는 최대한 많은 물건을 가져올 수 있다. 물건 목록과 무게가 주어진다. 가족 한 명이 가져올 수 있는 최대 무게가 주어진다. 슈퍼 세일에서 살 수 있는 최대 값어치의 물건은 얼마나 될까?

입력

입력은 T 개의 테스트 데이터를 포함한다. 정수 T 는 1 <= T <= 1000 범위를 가지면, 입력 파일의 첫 번째 줄로 입력된다.

각각의 테스트 데이터는 물건의 개수를 나타내는 1 <= N <= 1000 범위의 정수 N 이 한 줄로 입력된다. 다음 줄부터 N 개의 줄에 걸쳐서, 두 개의 정수 P, W 가 입력된다. 첫 번째 정수 P 의 범위는 1 <= P <= 100 이며, 물건의 가격을 나타낸다. 두 번째 정수 W 의 범위는 1 <= W <= 30 이며, 물건의 무게를 나타낸다. 그 다음 줄에는 가족의 구성원 수를 나타내는 1 <= G <= 100 범위의 정수 G 가 입력된다. 그 다음 줄 부터 G 줄에 걸쳐서, 가족의 i 번째 구성원 가져올 수 있는 최대 무게 MW 가 1 <= MW <= 30 범위로 입력된다.

출력

각각의 테스트 데이터에 대해서, 하나의 정수 결과를 한 줄에 하나씩 출력해야 한다. 가족이 살 수 있는 최대 값어치의 물건 값을 출력해야 한다.

입력 예제

```
2
3
```

```
72 17
44 23
31 24
1
26
6
64 26
85 22
52 4
99 18
39 13
54 9
4
23
20
20
26
```

출력 예제

```
72
514
```

풀이

0-1 kanpsack 에서 배낭이 여러 개 주어진 문제이다. 이전에 계산된 결과를 이용해야 하므로 Dynamic 형식으로 푸는 것이 적합하다. 코드는 다음과 같다.

```
#include <iostream>
#include <algorithm>

using namespace std;

int N, p[1001], w[1001];
int d[1001][31];

int Dynamic(int n, int weight)
{
  int dy;

  if (d[n][weight] != -1) return d[n][weight];

  // 물건을 담지 않을 때의 결과를 저장한다.
  d[n][weight] = Dynamic(n-1, weight);

  // 물건 무게가 무게 제한을 넘지 않는 경우
  if (w[n] <= weight) {
    dy = Dynamic(n-1, weight-w[n]);
    if (d[n][weight] < p[n]+dy) d[n][weight] = p[n]+dy;
  }

  return d[n][weight];
}

int main()
```

```
{
  int icase, i, total, g, mw;

  cin >> icase;

  // 테스트 데이터 만큼
  while (icase--) {
    total = 0;
    cin >> N;
    for (i = 1; i <= N; i++) {
      cin >> p[i] >> w[i];
      fill(d[i], d[i]+31, -1);
    }

    cin >> g;
    for (i = 0; i < g; i++) {
      cin >> mw;
      total += Dynamic(N, mw);
    }
    cout << total << endl;
  }

  return 0;
}
```